基于船舶机电设备故障处理的教学案例集

吴晓阳　等◎著

大连海事大学出版社
DALIAN MARITIME UNIVERSITY PRESS

图书在版编目(CIP)数据

基于船舶机电设备故障处理的教学案例集 / 吴晓阳
等著. — 大连 : 大连海事大学出版社, 2024. 12.
ISBN 978-7-5632-4626-7

Ⅰ. U664;U672.3

中国国家版本馆 CIP 数据核字第 2024F358G7 号

大连海事大学出版社出版

地址:大连市黄浦路523号 邮编:116026 电话:0411-84729665(营销部) 84729480(总编室)

http://press.dlmu.edu.cn E-mail:dmupress@dlmu.edu.cn

大连天骄彩色印刷有限公司印装　　　　　　　**大连海事大学出版社发行**

2024 年 12 月第 1 版　　　　　　　　　　　2024 年 12 月第 1 次印刷
幅面尺寸:170 mm×240 mm　　　　　　　　　　　　印张:11.5
字数:236 千　　　　　　　　　　　　　　　　　印数:1~500 册

出版人:刘明凯

责任编辑:杨玮璐　　　　　　　　　　　　　　责任校对:宋彩霞
封面设计:张爱妮　　　　　　　　　　　　　　版式设计:张爱妮

ISBN 978-7-5632-4626-7　　定价:35.00 元

前　言

　　本书基于船舶柴油机、推进装置、辅助机械和电气设备等专业课程开展案例教学的需要,搜集船舶机电设备在航行、停泊、修理等期间出现的各类故障,结合分析和处理过程,通过梳理、加工制作成教学案例编写而成。本书可作为高等院校船舶机电专业课程的教学使用书,也可作为船舶轮机从业人员的参考用书。

　　本书共分四章,分别介绍了船舶柴油机、船舶推进装置、船舶辅助机械、船舶电气设备等方面的案例,突出案例分析过程,明晰案例与知识点的对应关系;同时挖掘案例中的思政元素,结合船舶机电专业的特殊性,形成素质培育内容,为开展有特色的课程案例教学和思政教育提供参考。

　　本书由武警海警学院吴晓阳副教授组织撰写。其中,第一章、第二章、第三章由吴晓阳副教授撰写,第四章由武警海警学院胡静教授撰写。武警海警学院刘宇副教授、陈海龙副教授、张明宇副教授为本书的撰写提供了大量的帮助,宁波大学况敏教授担任本书主审并提出了宝贵的意见和建议,在此一并表示感谢。

　　由于编者水平有限,书中难免有疏漏之处,敬请读者批评指正。

著　者

2024 年 6 月

目　录

第二章　船舶推进装置/63

第一章　船舶柴油机

案例 1　更换活塞环导致柴油机拉缸

【课程模块】燃烧室组件

【案例简介】

某船舶主机采用的是进口某型 4 冲程直列 6 缸柴油机,其部分参数如下:缸径 410 mm,行程 470 mm,额定转速 570 r/min,额定功率 3 125 kW。主机在规定的时间内完成大修,并在维修后进行适当时间的磨合,并未发现问题。

在某航次任务过程中,主机油雾探测器报警,值班轮机员反应迅速,立即采取减速措施,不久之后将主机停车。轮机人员经过检查发现主机第 3 缸出现轻微拉缸现象,其他方面暂未发现异常。为了确保任务完成,船长、轮机长共同决定,主机第 3 缸不供油,同时船舶降速航行,并要求轮机员加强对主机的监控管理。此后,主机持续运转 24 h,其间未发现异常。轮机长认为问题不大,决定对主机进行加速。不料在加速运行 20 min 后,柴油机发生两声闷响,轮机员立即停车,检查发现第 3 缸活塞和气缸已经咬合在一起,活塞头部在上止点处卡住,气缸套内存在明显的垂向拉痕,下部右侧周向约 1/2、纵向 15 cm 区域被打断,曲轴箱有碎块,进一步检查发现挺杆弯曲。

【案例分析】

经过分析,这是一起拉缸引起的机损事故。针对本次机损事故,需要对整个系统进行检查分析,采取吊缸措施对柴油机进行全面检查。柴油机吊缸后,发现活塞在销座孔处完全断裂,活塞外圆磨损严重,金属转移现象明显,最后一道油环断裂成多段,活塞外围和缸套内壁有明显的油迹,观察冷却水道没有明显的结垢现象。检查喷油器、喷油泵,均正常,测量活塞销、连杆大端轴瓦以及活塞销尺寸,均处于正常范围内。

结合润滑系统的运行油压记录和冷却水运行数据,均未发现润滑和冷却液体断流及压力不足的现象,可以排除因润滑和冷却导致的拉缸现象。结合吊缸后的各种检测数据可以排除因燃烧和安装对中性不好导致的拉缸故障。

考虑到该主机在大修时,使用了非原厂加工的活塞环,于是将分析重点定位到更换的活塞环上。此型柴油机的活塞环由 4 道气环、1 道刮油环和 1 道布油环组成。事后问询轮机员得知,第 3 缸出现轻微拉缸现象时,轮机员重点检查了活塞头部的 2 道活塞环,后 4 道活塞环只进行了外观检查,对尺寸并未进行仔细检验。取未用的新活塞环与原机旧环对比,发现最后一道环处的新环搭口间隙小 10%,由此可判定该故障因更换不符合尺寸的活塞环导致。

但是活塞环断裂为什么发生在最后一道环,而不是发生在承受温度、压力更高,润滑条件更差的头道环呢? 这是因为在柴油机运行中,气缸套上下部的膨胀量不同,活塞环和气缸套都会因高温而发生膨胀,但是设计的时候为了保障密封的必要性,气缸套的膨胀量小于活塞环。当活塞运动到气缸套下部区域,由于温度降低,气缸套的膨胀量进一步减小,活塞环搭口间隙也随之进一步减小,而更换的非原厂活塞环的搭口间隙本身就偏小,使活塞环因发生对顶现象而断裂。气缸套沿纵向受到断环和黏环的划伤,当活塞运行到气缸套上部时,润滑条件相对较差,活塞和气缸套润滑不良发生咬死。

【知识与技能】

对本案例进行分析,需要掌握拉缸的基本知识,包括拉缸的定义、拉缸故障的主要现象、拉缸的主要原因及主要应对措施等。拉缸是柴油机常见的故障之一,分为轻、缓、重、急四种情况,针对不同程度的拉缸现象,需要采取不同的应对措施以保障船舶的在航性,并尽量保证对柴油机的损伤最小。通过对本案例的学习,应掌握拉缸事故发生后的处理方法和措施,提高处理拉缸故障的能力和水平。在实际应用中,需要将书面知识与实际情况相结合,根据柴油机的具体型号和故障现象进行有针对性的处理。在处理拉缸时,要仔细检查所有相关部件的损坏情况,确保更换的部件与原装部件相匹配。在日常维护和保养中,要加强对润滑油和冷却水的检查和管理,确保质量和数量均符合标准要求。

【素质培育】

严肃认真。工作生产中应严格操作程序,严格遵守规则制度。这个案例在严格

意义上可以说是人为事故,是操作人员的马虎大意和"差不多"思想导致的,船舶安全无小事,事事要用心,特别是对新更换的零件,都要在进行外观、尺寸、材料方面的检查后方可使用。

脚踏实地。这个故障也是经验主义、教条主义导致的。众所周知,船舶不能"带病"用车,不可不查明原因用车,盲目的自信会导致小的问题扩大化。脚踏实地是积累经验和提升能力的重要途径,在工作中,只有脚踏实地地完成任务,才能赢得他人的信任和尊重。

研讨题

1.分析在处理柴油机拉缸故障时应该遵守的原则。

2.有哪些常用的柴油机拉缸故障诊断方法和技巧?

3.结合本案例,谈谈如何预防船舶装备方面人为事故的发生。

案例 2 副机起动后膨胀水箱冒水

【课程模块】冷却系统

【案例简介】

某船舶副机型号为 6135 型柴油机。某日,管理人员发现副机在运转时,淡水温度偏高,但淡水压力正常,淡水泵正常运转。轮机员决定对副机的淡水冷却器进行维护,在拆下淡水冷却器的端盖后,发现冷却管束较脏,于是进行清洗,清洗完毕后装复。

装复后,起动副机发现膨胀水箱检查口大量往外冒水;停机后,冒水也停止;再次起动后,膨胀水箱依然大量冒水。但在此次维护之前,副机无此类现象。

【案例分析】

6135 型柴油机的淡水冷却器为壳管式换热器,由于淡水冷却器中的冷却管表面脏污,导致传热系数减小,淡水与海水之间的换热较小,最终导致淡水温度比正常值偏高。

轮机员基于淡水泵的运行和压力正常等情况,判断淡水冷却器故障的思路是非常正确的,而实际检查中也发现,淡水冷却器冷却管束表面脏污。但在装复时,轮机员忽略了端盖密封圈的重要性,有一端盖密封圈在安装时发生了折弯而他并未察觉。

在端盖密封圈起不到密封作用的情况下,柴油机的淡水系统与海水系统事实上已经连通。在起动柴油机后,由于海水泵的扬程大于淡水泵的扬程,海水系统的压力高于淡水循环系统,海水大量进入淡水循环系统,最终导致淡水循环系统水量异常增多,并出现从膨胀水箱向外大量冒出的现象。

【知识与技能】

本案例涉及传热学的基本知识、影响传热的主要因素、换热器的结构原理、柴油机冷却系统的组成原理、泵的工作原理等内容,在分析案例之前需要进行理论知识的准备,可采取专业老师集中授课的方式进行。授课内容主要包括:运用传热学的基本公式,结合柴油机冷却系统分析影响传热的主要因素,进一步理解壳管式换热器的基本结构和工作原理。

案例涉及问题的解决要点与措施包括:重新安装端盖密封圈,注意放平整;将淡水循环系统中的水全部放干,并用干净的淡水清洗循环系统;用新的淡水和冷却剂,按比例配置好后加入膨胀水箱中;起动柴油机,检查柴油机有无泄漏。

【素质培育】

细节决定成败。这个案例是人为原因导致的故障。前期轮机员的分析方向是正确的,对于冷却水温偏高的原因分析很准确,采取的维护措施也是正确的。但在后期的装复过程中,未注意密封垫片这个细节,导致起动出现故障,反而造成了更大的损失。这就要求我们,在任何时刻都不能马虎大意,尤其是在已经找到解决问题的方法和措施的情况下,更应该注意细节,不能让一个细节导致前功尽弃,带来更大的损失。正所谓,细节决定成败。

研讨题

1.导致柴油机冷却水温度偏高的原因有哪些?试从各个方面进行分析。

2.淡水冷却器装复后膨胀水箱大量冒水的原因是什么?

案例3 淡水恒温阀故障导致主机淡水温度偏高

【课程模块】冷却系统

【案例简介】

某船舶在启航之后,主机在加速过程中淡水温度迅速升高,柴油机冷却水的进机温度超过正常使用温度,并发出报警。轮机员立即组织故障排查,由于主机尚处于分段加速过程中,因此首先排除因超负荷导致的淡水温度升高。问题最有可能出现在冷却系统的部件上,经检查,海水泵、淡水泵都处于正常工作状态,经过手动调节淡水恒温阀,温度下降到正常温度。

【案例分析】

这是一起由淡水恒温阀故障引发的淡水温度偏高的事件。该型柴油机淡水恒温阀为热敏元件调温阀,如图1-1所示。它利用能够随温度变化而热胀冷缩的材料制作成的热敏元件(感温包)来控制阀门的开启与关闭,从而实现根据柴油机工况的变化,自动地调节进入淡水冷却器的冷却水量,控制柴油机冷却水的进机温度。

图1-1 淡水恒温阀外观图

导致恒温阀故障的原因有:

①感温包老化,不能正常感知淡水温度;

②阀门卡滞,不能正常开关;

③感温包与阀体之间分离,失去对阀体的控制。

在经过排查后,确定是恒温阀导致的故障,解决的措施要点有:

①关闭膨胀水箱补水阀,放掉机体内部管路中的淡水,拆下淡水恒温阀并进行

检查。拆卸淡水恒温阀的过程中发现感温包脱落并落入阀体之中,由此判断这是导致恒温阀失效的根本原因。

②将新恒温阀芯放入80 ℃左右的热水中观察,看其能否正常开启。若发现阀门能正常自动开启,证明新的恒温阀芯无故障,可以安装使用。

③将恒温阀芯安装好。更换新的橡胶圈,并对阀门体内和接头部位的积垢和锈蚀进行清理,小心地将恒温阀回装。在回装时,注意橡胶圈是否放好,再将紧固部位上紧。装复后,打开膨胀水箱补水阀,加注淡水和四硼酸钠、硝酸钠,起动主机,装备正常工作,故障排除。

在排除故障的过程中,还应注意以下事项:

①主机淡水温度异常上升后应立即查找原因,如果脱落的感温包被水冲入管路内部易引发重大事故;

②在试机过程中注意机体内部是否还有空气,如有空气应停机将空气排除;

③恒温阀芯在安装前应对其进行检测,确认感温包与阀体之间无松动或感温正常。

【知识与技能】

本案例研究涉及感温元件的物理属性、柴油机冷却系统的组成、调温阀的结构及调温原理等。在理解理论知识的基础上,学会从各方面分析冷却水温度偏高的原因,掌握淡水恒温阀的结构原理,增强柴油机的管理能力。

【素质培育】

建立系统思维。船舶是由多个分系统组合在一起的整体,包含千万个零部件。每个零部件都有自身的作用,都不能被忽视。在该案例中,一个小小的恒温阀失效便会影响主机的正常运行,进而影响船舶的正常航行。同样,在这个社会中,每个人也都有自身的价值,所有人的努力形成合力,才最终推动了社会的发展和人类的进步。我们在思考问题时,不仅要看到事物的表面,而且要深入研究其内在的结构、关系和运转规律。

研讨题

1.柴油机冷却水温度偏高的原因有哪些?试从各个方面分析可能的原因。

2.淡水恒温阀的哪些结构损坏会导致水温升高?

3.通过对该故障的分析排除,我们可以得到哪些启示?

案例 4　淡水冷却器脏堵导致副机滑油温度偏高

【课程模块】冷却系统

【案例简介】

　　某船采用了额定功率为 1 000 kW 的柴油发电机组。在某次航行过程中,该发电机组在负荷为 500 kW 时,出现滑油温度偏高的现象。在此之前,该发电机组的柴油机滑油冷却器刚清洗不久。轮机员针对该故障现象进行了逐步排查。首先,排查了滑油冷却器,发现滑油冷却器并无脏污;其次,排查了海水滤器,发现有一些脏堵现象,但并不严重;最后,排查了淡水冷却器,发现海水侧脏堵较为严重,于是对其进行了彻底的清洗。装复试车后,副机滑油温度恢复正常。

【案例分析】

　　滑油的作用是在柴油机内进行润滑、冷却、密封、防锈、清洗等,在柴油机工作时,滑油吸收了各摩擦表面的热量从而使温度有一定的升高。为了使滑油温度保持在正常范围内,必须设置滑油冷却器。该型柴油机的滑油由柴油机内循环的淡水进行冷却,而淡水由海水进行冷却。经过分析,滑油温度过高的原因有:

　　①滑油冷却器脏污;

　　②海水滤器脏污导致海水压力低、海水流量小;

　　③海水节温器损坏或调节不当导致海水冷却,循环方式大部分为内循环;

　　④淡水节温器卡滞或损坏导致淡水冷却,循环方式大部分为内循环;

　　⑤淡水冷却器脏污,热交换效果太差。

　　该故障解决的措施要点为:

　　①检查、清洗滑油冷却器,看其有无脏污现象。本次检查发现滑油冷却器内腔干净,可排除因滑油冷却器脏污造成滑油温度偏高的情况。

　　②清洗海水滤器。本次故障中,拆开海水滤器,发现海水滤网上结了一层石灰质污物将部分网眼堵塞,使海水进口流量变小,冷却效果变差。清洗海水滤网后,冷却效果有所改善。

　　③检查海水节温器,将所有海水节温器按规定调节到降温位置。

　　④检查淡水节温器。本次故障中,淡水节温器在热水中,温度达到 80 ℃左右时淡水节温器完全开启,淡水节温器可正常工作,由此基本可以判断淡水系统是正

常的。

⑤清洗淡水冷却器、热交换器。本次故障中,热交换器散热片的淡水通道较干净而海水通道中沉积了大量的泥沙和污物,进行彻底的清洗后,热交换效果得到明显改善。

⑥对柴油机进行试车。试车过程中,发现海水压力较清洗热交换器前有所下降,压力一直稳定在允许范围内。同时滑油温度有明显的下降,基本满足正常使用需求。海水压力有所下降的原因是热交换器海水通道疏通之后,海水循环加快、流量增加,且海水压力传感器安装在热交换器之前。

【知识与技能】

本案例涉及柴油机海水冷却系统和淡水冷却系统的结构原理、传热学基础知识等。应在理解理论知识的基础上,了解副机滑油冷却的原理,学会分析滑油温度偏高的原因,掌握解决滑油温度偏高的措施和方法,增强副机的维护管理能力。

【素质培育】

条理清晰,科学分析。通过对该案例的学习讨论,引导学生明白推理分析的重要作用,以清晰的思路科学分析滑油温度高的原因。注重事物间的逻辑关系,分清主次,逐步分析、解决问题。

不怕困难,沉着冷静。出现故障并不可怕,要树立起攻坚克难的信心和勇气,做到临危不惧、临战不乱。

研讨题

1.柴油机滑油温度偏高通常是哪些原因导致的?试从各个方面分析可能的原因。

2.通过本次故障的分析排除,我们可以得到哪些启示?

案例5 副机冷却水温偏高处置不当致全船跳电

【课程模块】冷却系统

【案例简介】

某船共配置3台副机。某日在某海域航行时,机舱处于无人值班状态。1800时,正在运行的1号和3号副机相继报警,信息显示副机缸套冷却水高温。值班轮机员迅速下到副机舱查看,同时报告轮机长。查看期间,两台副机的缸套冷却水温度持续上升,直至发生保护性停机。

主发电机停止运转后,应急发电机自动起动并提供应急照明。轮机长命令起动2号副机,并连接到电网,但不久,2号副机同样出现缸套冷却水高温报警,引发停车。

此后,机电人员多次尝试起动副机,但都没有成功,直至空气瓶的高压空气全部用尽。全船只能暂时依靠应急发电机供电,但由于应急发电机的风门挡板没有打开,应急发电机也过热,不能继续运行。由于一系列的错误操作,全船完全失电且无法恢复,只能等待救援。

最后该船被拖船拖至附近港口,接上岸电后,空压机向高压气瓶进行了补气。同时,轮机员开始查找原因,清理低温冷却器,恢复冷却水系统的正常循环流通,再起动副机恢复电力供应。

【案例分析】

本案例属于典型的人为因素导致的故障,其间多次的失误处置,导致负面影响连续扩大。

(1)准确判断能力不足

轮机员在副机缸套冷却水高温报警下,仅仅认为是副机本身的问题,对可能产生的全船失电后果估计不足,未能准确判断和评估后续影响。

(2)应急处理能力不足

由于船舶机电部门具有工作繁重的特点,船员工作强度大,容易疲劳,导致应急处理能力不足。本案例中,船员未对高温报警原因进行排查,在故障没有排除之前就多次起动副机,导致高压空气耗尽,属于非正常行为,表明其心理与适应能力欠佳。

(3)管理人员的领导能力不足

本案例中应急发电机过热,轮机员未能及时发现并将故障排除,导致全船失电。

（4）训练不足

值班人员的管理经验不足，平时相关的训练较少，对低温冷却器脏堵引起的冷却水高温现象不够熟悉。

综上所述，该事故发生的根本原因是人员的能力不足。机舱工作人员应当在平时的学习、工作中多加练习，举一反三，避免类似事故再次发生。

【知识与技能】

本案例研究涉及柴油机海水冷却系统和淡水冷却系统的结构原理、副机的起动等。在理解理论知识的基础上，了解副机冷却水温度偏高的原因，能够举一反三吸取教训，从情景意识方面增强对机舱设备的维护管理能力。

【素质培育】

沉着冷静，科学判断。通过对该案例的学习讨论，引导学生在遇到突发故障时要努力做到沉着冷静，以清晰的思维科学分析故障发生的原因及处理措施，越是在艰难的时刻，越要保持好稳定的心态；还要注重各设备之间的区别和联系，提升情景意识。

研讨题

1.柴油机冷却水温度偏高通常是哪些原因导致的？

2.副机起动的方法有哪些？

3.通过对本案例的学习，我们在遇到同类事故时应当如何操作？

案例6 中央冷却器堵塞导致冷却水温偏高

【课程模块】冷却系统

【案例简介】

某船在厂修结束后，准备离开修船厂。某日，船舶刚离开码头，在进入狭水道航行后，主机缸套冷却水温度升高，出现报警。此时，两台副机在并车运行，1号副机首先出现滑油、淡水高温报警,不久又出现滑油低压报警(但没到极限停车值);5 min后,2号副机也发生同样情况。船舶正在狭水道航行,一旦跳电极有可能发生碰撞或搁浅事故,情况十分危急。

轮机长迅速组织相关人员进行故障排查,根据设备的参数变化,作出中央冷却器脏堵须拆解处理的决定,对中央冷却器进行了及时清理。因轮机长判断准确,应急处置及时,船舶最终恢复正常。

【案例分析】

本案例可以从以下几方面进行分析:

(1)经验方面

该船在修理过程中,对中央冷却器的海水管路进行了换新,但是轮机员片面地认为刚刚换新,不会有问题,没有仔细检验海水管内是否畅通,甚至在船舶出坞前也没有检查,主机备车过程中也没有检查主海水压力是否正常。

航行期间,值班轮机员没有足够的经验,在副机滑油、淡水温度上升以及滑油压力持续下降的情况下没有及时发现故障并排查,直到出现报警才意识到副机工作情况异常,此时情况已经十分危急。

(2)领导与管理方面

本案例中,轮机长在紧急关头沉着冷静,迅速进行了应急处置。首先,主机减速,切除电网次要负载;其次,根据设备的参数变化,迅速判断为中央冷却器脏堵,作出须拆解处理的决定;最后,做好应急预案,一旦发生跳电,即在船头备双锚抛锚,使应急发电机保持备用状态,最终化险为夷。

【知识与技能】

本案例涉及柴油机冷却系统的结构原理、冷却系统异常的应急处置等。在理解理论知识的基础上,应了解柴油机冷却水温度偏高的常见原因,能够结合实际,通过科学的分析快速判断故障原因,积极采取果断措施,确保船舶航行安全。

【素质培育】

脚踏实地。通过对该案例的学习讨论,引导学生在平时工作中树立脚踏实地的作风,无论是学习、工作还是生活,都需要保持这种务实、踏实的态度。只有脚踏实地,才能稳步前进,不断积累知识和经验,最终实现自己的目标。

认真负责。秉持认真负责的态度,凡事不可想当然,把个人负责的设备检查工作做实做细。认真负责的态度是获得信任和尊重的关键。

准确判断。准确判断故障需要丰富的实践经验和扎实的专业技能。作为机舱工作人员,遇到突发故障时要沉着冷静,以缜密的逻辑和清晰的思维快速准确地处理故障。

研讨题

1.柴油机冷却水系统的结构形式有哪些?

2.柴油机滑油压力偏低的原因有哪些?

3.通过对本案例的学习和讨论,谈一谈我们应该如何做好柴油机冷却系统的管理工作。

案例7 主机滑油系统调压阀故障被迫返航

【课程模块】滑油系统

【案例简介】

某船刚完成厂修一个月,在赶赴任务海域过程中,1号主机滑油压力突然降低,直接触发报警并导致主机停机。经检查,滑油温度正常,滑油油位处于正常区间,冷却水温度也都处于正常区间,滑油管路也没有泄漏现象。

一开始轮机员怀疑机带滑油泵损坏,但是由于此前运转时,滑油的吸入压力正常,排出压力虽然略有波动,但也处于正常范围内,因此基本排除滑油泵突然损坏的可能性。该船刚经过等级修理出厂不久,滑油系统的滑油泵、过滤器、冷却器均经过了检修保养。后经过分析检查,发现问题出在主机滑油系统的调压阀上。该调压阀发生故障导致滑油回油量过大,滑油泵出口压力无法正常建立,而此时船上没有相关配件,1号主机无法工作,难以满足任务要求,只能被迫返航。

【案例分析】

本案例是典型的零部件突然失效导致船舶返航的案例。调压阀虽然属于滑油系统中的小部件,但一旦失效,后果不堪设想。因为滑油压力是柴油机运转过程中最为重要的参数,滑油压力不足,柴油机是非常危险的,极易引发异常磨损甚至报废。本案例中,导致滑油压力偏低的主要原因是调压阀阀芯和弹簧严重磨损,导致调压阀失效,滑油回油量过大,出口压力无法正常建立。

分析原因主要有：

（1）轮机人员疏漏，没有检修调压阀

该船在进厂修理过程中，对滑油系统的滑油泵、过滤器、冷却器均进行了检修保养，更换了过滤器的滤芯。但未对调压阀等零部件进行检查，未能消除故障隐患，直接导致了此次故障的发生。

（2）在日常管理过程中，轮机人员未关注滑油压力波动问题

根据事后的调查了解，该主机滑油压力在平时工作时便存在一定的波动，与另一台主机相比，滑油压力虽然在正常范围内，但稳定性较差。该现象并未引起轮机人员的警觉，轮机人员片面认为只要压力参数变化在正常范围内，就没有问题。在填报工程修理单时，相关人员也没有提出要对该现象进行检查。因此该船虽然经过厂修，也对滑油系统的部分部件进行了检修，但实际上并没有对调压阀进行任何检查，放任该故障隐患一直存在，导致了该故障的发生并影响了任务的完成。

【知识与技能】

本案例涉及柴油机滑油系统的工作原理、调压阀的结构原理等。在理解理论知识的基础上，应掌握柴油机滑油压力不足的常见原因，并能够结合实际，通过科学的分析快速判断；能够认真吸取事故教训，加强对日常设备的维护管理，对某些故障的"萌芽状态"有足够的警觉，及时排除故障隐患。

【素质培育】

仔细观察。通过对该案例的学习讨论，引导学生在平时的学习和生活中养成仔细观察的良好习惯，秉持认真负责的态度，仔细观察装备的工作状态。

忧患意识。在装备维护管理中始终保持忧患意识，不放过任何一个可能存在的隐患，不能简单认为参数变化在正常范围内就不管不问，就认为是良好的。有些故障虽然是突然产生的，但在平时也会出现蛛丝马迹。

重视细节。应重视装备管理的日常细节，本案例中滑油压力的波动实际上就是一个细节，然而其却未引起船上人员的重视，最终导致影响了任务的完成，应认真吸取这个教训。

研讨题

1.柴油机滑油系统的结构形式有哪些?

2.柴油机滑油压力偏低的原因有哪些?

3.通过对本案例的学习和讨论,阐述柴油机滑油系统中调压阀的作用,以及该阀主要故障的表现形式。

案例8 劣质燃油导致主机活塞环断裂

【课程模块】燃油系统

【案例简介】

某船 T 日加装新燃油约 500 t, $T+2$ 日开始使用新燃油,之后便出现了以下异常现象:

①燃油过滤器前后压差变大,经拆检后发现滤器已经严重脏堵;

②燃油自动清洗滤器被不断触发,不能正常使用;

③燃油细滤器每天要清洗 3~4 次;

④清洗燃油细滤器时发现很多颗粒物,但都不坚硬。

值班轮机员和轮机长获悉后,认为是因换油而引起的少量混油,并未采取针对性的措施。 $T+11$ 日,该船抵某港抛锚,针对主机 4 号缸、5 号缸进行常规吊缸检查,当时 4 号缸、5 号缸的吊缸时间分别为 7 255 h、7 763 h。吊缸时未发现明显异常情况,此时只使用新燃油约 20 h。 $T+29$ 日,该船抵达目标港口前 3 天,主机 2 号缸活塞环出现断环现象,便立即采取应急措施,减小单缸油门,加大 2 号缸气缸油注油量。 $T+33$ 日,抵目标港口进行吊缸抢修,2 号缸活塞环第 1、2、3 道环断裂,第 4 道环弹性失效。 环宽仅 19 mm,磨损量在 5 mm 以上。 $T+38$ 日,该船抵港时检查,发现 1 号缸活塞环第 1、2 道环断裂,吊缸检查另 3 道环也磨损严重。 $T+41$ 日,航行途中又发现 6 号缸断环。 随即停车漂航,吊缸抢修,在抢修时发现第 1、2 道环断,第 3 道环已弹性失效,这 3 道环的环宽情况分别为 18.5 mm、18.8 mm、20.5 mm(标准环宽为

25 mm),同时检查其余各缸情况,发现 3 号缸、4 号缸、5 号缸第 1 道环均断裂,但当时船上已无活塞环备件,只得维持使用。

$T+42$ 日,该船召开会议进行故障分析,根据主机活塞和活塞环的严重磨损情况和清洗滤器时发现的异常现象,初步确认为燃油质量存在问题,并采取如下措施。

①停用该燃油,重新补给新的燃油;

②加大主机各缸的气缸注油量;

③降低主机转速;

④改为有人机舱值班,加强巡回检查;

⑤对燃油品质进行化验。

后经实验室化验结果证实,燃油质量有问题,主机活塞环断裂故障原因查明。这次事故延误了航次时间,增加了工作量,花费了大量的备件费用,在造成巨大损失的同时,也给船舶的安全航行造成了严重威胁。

【案例分析】

本案例可以从以下三个方面进行分析:

(1)判断力不足

在使用新燃油之后,值班轮机员已经发现了异常现象,比如燃油过滤器的压差过大、冲洗频繁,甚至出现了颗粒物,但并未重视。机电人员也出现了判断失误,简单认为属于混油问题,没有考虑新装燃油的质量问题。

(2)应急处理能力欠缺

在原因尚未查清前,轮机员只是简单吊缸更换活塞环,完全没有任何应急处理的意识,对后续的故障扩大也没有任何预见性。当主机 2 号缸发生断环后,先后有1 号缸、6 号缸、3 号缸、4 号缸、5 号缸的活塞环出现严重磨损和断环,但这些情况仍没有引起轮机员足够的警觉,备件也没有及时申领,导致备件不足。

(3)经验与训练不足

机电人员对燃油细滤器异常处理经验不足,平时也没有开展相关的训练,导致故障影响范围不断扩大。

【知识与技能】

本案例涉及活塞组件的结构原理、活塞环异常磨损的原因等。在理解理论知识的基础上,应结合实际,通过科学的分析快速判断导致活塞环异常磨损的原因,积极采取措施,防止损失扩大,确保船舶航行安全。

【素质培育】

严谨细致。活塞环断裂往往是多种因素共同作用的结果,包括材料缺陷、加工质量不高、维护管理混乱、装配质量不高等。这就要求机舱人员在工作中做到严谨细致,对每一个环节仔细检查,确保不出现疏漏。通过该案例,教育学生在工作中要养成严谨细致的习惯,对每一个细节都不忽视,从而避免因小失大,造成更大的损失。

责任心。通过对该案例的学习讨论,教育学生在处理机电设备故障的过程中,应承担起应有的责任,把个人负责的设备管理工作做实做细。学生们需要有强烈的责任感和担当精神,无论面对什么样的困难和挑战,都要勇于承担、敢于负责。

判断力和决策力。作为轮机管理者,必须具有足够的情景意识、较高的判断力和决策力,能够结合实际以清晰的思维和缜密的逻辑快速、准确地判断故障发生的原因,需要不断提高机电设备维护管理能力。

研讨题

1.柴油机活塞组件通常包含哪些部件?

2.柴油机活塞环异常磨损的原因有哪些?

3.通过对本案例的学习讨论,谈一谈作为机电人员如何提高判断力和理解力。

案例9 主机主轴承轴瓦损坏事故

【课程模块】动力传递组件

【案例简介】

某公司所属40万吨级超大型矿砂船,长361.9 m,宽65 m,主机最大持续功率为24 200 kW。该机型属于大缸径超长行程柴油机,采用先进的电喷技术以控制燃油消耗量,在实现大功率输出的同时,能较好地满足绿色环保的要求。

该型船自投入运营以来已发生4起主轴承轴瓦脱铅事故,全部为第8道主轴承下瓦脱铅。轮机员使用专用长塞尺测量得到第7道和第8道主轴承前后间隙均为0.45 mm。为了确定事故原因,需将上下轴瓦吊出进行检查。首先,将轴承盖油管、探头等附件拆除,拆下轴承盖,吊出上轴瓦。然后,通过曲轴顶升液压工具,将曲轴顶升 0.31 mm, 使用专用工具将下轴瓦从主机操纵侧拉出, 翻转到上轴瓦的位置, 并吊出曲轴箱。

经检查, 发现下轴瓦左后方有长 410 mm、宽 34.8 mm 的区域脱铅。下轴瓦的中部有明显剐伤, 下轴瓦背部也有轻微刮伤。通过清理和检查, 在推力块侧和轴承支架上发现少许脱铅杂质。

第 8 道主轴承轴瓦出厂时为普通轴瓦。通过厂家分析, 解决办法是将第 8 道主轴承轴瓦更换为 BE(Blended Edge) 瓦, 因为 BE 瓦有弧度, 适应性更好。

安装新轴瓦时, 相关人员做好了轴颈、BE 瓦、下轴承座及推力块等部件的检查与清洁工作, 使用专用工具用同样的方法将下轴瓦盘入瓦座, 同时注意下轴瓦的前后方向, 确保轴瓦的准确定位, 使其两端高度一致。安装上轴瓦和轴承盖时, 厂家维修人员使用液压工具按说明书要求装紧轴承盖, 最后安装主轴承润滑油管和第 8 道主轴承磨损监测探头, 完成了第 8 道主轴承轴瓦的更换。

安装完成后测量第 7 道和第 8 道主轴承间隙均为 0.45 mm。重新测量第 7 缸臂距差, 各参数均正常。正倒车盘车后, 上、下轴瓦正常, 曲轴箱及曲轴没有任何异常声音, 盘车机电流平稳正常。整理完毕后, 轮机员对第 7 缸曲轴箱底部进行彻底清洁。所有船舶同类型主机第 8 道主轴承轴瓦更换为 BE 瓦后, 未再出现脱铅现象。

【案例分析】

柴油机的主轴承由轴承盖、轴承座、轴瓦、主轴颈组成, 轴承盖上连接有润滑油管, 通过润滑油管注入具有一定压力的滑油对主轴承进行润滑减磨。

大型船舶主机的主轴承采用滑动轴承, 与滚动轴承相比, 滑动轴承的接触部分是一个面, 而滚动轴承的接触部分是一个点, 因此滑动轴承承载能力高于滚动轴承。由于主机曲轴箱空间狭小, 径向空间尺寸受限, 滑动轴承可以采用剖分安装的方式进行安装。除此之外, 滑动轴承还具有寿命长、工作稳定、无噪声等优点。

从液体动压建立的过程可以看出, 在主机起动瞬间, 由于轴颈在重力的作用下下沉, 并与轴瓦直接接触, 此时的轴颈与轴瓦摩擦系数和摩擦力最大。因此, 起动阶段主轴承摩擦阻力较大, 最容易导致轴瓦的磨损。滑动轴承依靠轴瓦表面油膜进行减磨, 同时油膜也承载了径向载荷, 当主机突加负荷时, 径向载荷大于油膜的承载能力, 轴瓦表面油膜被压缩变薄甚至被破坏, 也会造成轴颈与轴瓦的直接接触, 形成干摩擦。

该型主机属于缸径较大的一款主机, 单缸承载的负荷较大。从材料的角度分析, 主轴承轴瓦的脱铅问题是由于其合金材料承载能力不够且目前的浇铸技术不够完善导致的, 再加上周期性交变载荷的影响产生疲劳裂纹, 造成润滑条件变差。所有船舶同类型主机第 8 道主轴承轴瓦更换为 BE 瓦后, 未再出现脱铅现象, 可知, 大功率主机应选用承载能力更强的轴瓦。

在日常维护管理中,轮机人员需要采取以下措施做好轴瓦故障的预防。

(1)保证主机滑油的质量

滑油容易受到水分等外来物质的污染。如果滑油中水分过多,容易发生乳化变质,不能形成润滑油膜,因此需要加强对滑油含水量的监控。滑油在润滑的同时,会带走运动部件产生的金属屑或其他硬质颗粒,如果硬质颗粒进入主轴承,会导致轴颈与轴瓦之间发生研磨,造成磨粒磨损。轮机员需要加强对滑油滤器压差的监测,定期清洗滑油滤器,保证滑油的清洁,从而避免硬质颗粒进入主轴承破坏润滑油膜。

(2)保证轴承间隙符合规定

轴径与轴瓦应保持合理的轴承间隙,轴承间隙过小会导致润滑油膜变薄甚至不能形成动压润滑油膜。轴颈与轴瓦直接接触,会导致轴瓦损坏。轴承间隙过大,滑油容易从间隙中流出,也不利于产生液体动压润滑。间隙过大或过小都将导致轴瓦润滑不良,增加合金层磨削、剥离的可能性。

(3)加强主机管理

主机运行时应尽量避免负荷突增突减,保证各缸燃烧正常且负荷均匀。主机在刚开始起动时尚未建立液体动压润滑,因此应避免主机频繁起动。

【知识与技能】

本案例对某40万吨级船主机主轴承轴瓦损坏事故进行研究,涉及的理论知识主要有船舶主机主轴承的结构及润滑过程,主轴承轴瓦失效的原因等。在理解理论知识的基础上,应了解主机主轴承的结构和功用,能够结合实际快速分析主轴承轴瓦失效的原因,确保船舶航行安全。

【素质培育】

安全意识。通过对该案例的学习讨论,引导学生明白主轴承的工作状态对于主机的重要性,轴瓦出现问题将会导致主机无法工作,威胁船舶的航行安全,要提高安全意识。

自主创新。柴油机轴瓦是保障柴油机平稳运行的关键部件,其质量直接关系到整个柴油机的性能和使用寿命。轴瓦的加工工艺复杂,技术含量高,面对国外技术封锁的挑战,要求我们依靠自己的智慧和努力,不断探索,努力实现关键技术的国产化。教育引导学生明白自主创新的重要性,激发其奋斗热情。

细致入微。根据轴瓦故障的特点,要求学生在日常学习和生活中尽量做到细致入微,注意仔细观察事物和分析现象,将隐患消除在萌芽状态。

研讨题

1.柴油机主轴承的结构和功用有哪些？

2.柴油机主轴承常见的失效形式有哪些？

3.通过对本案例的学习讨论,谈一谈我们如何做好柴油机轴瓦故障的日常预防工作。

案例 10　机带淡水泵传动皮带断裂引发的事故

【课程模块】冷却系统

【案例简介】

2021 年 3 月 7 日,某船在太湖水域因发动机皮带断裂,失去动力,被风浪推至浅滩后搁浅。

2023 年 4—5 月,先后有多艘内河船舶因发生机械故障临时锚泊在广州沙湾水道进行维修,这一现象引起了海事执法人员的关注。经调查,执法人员发现上述船舶中有 4 艘发生主、副机机带泵皮带故障,其中 3 艘船舶的机带泵皮带断裂,1 艘船舶的机带泵皮带打滑。这些故障也不同程度地引发了险情,其中 1 艘船舶因皮带断裂导致全船失电,船舶失控后触碰沙湾大桥防撞设施。所幸上述事故未发生人员伤亡。

【案例分析】

由上述案例可知,船舶柴油机的机带泵皮带经常会出现故障。特别是一些中小型船舶,由于机舱空间比较紧凑,主机功率不大,主、副机等机械设备一般都采用机带泵通过皮带进行动力传输。以机带淡水泵为例,其驱动力来源于柴油机曲轴的旋转,经齿轮传动输出,通过皮带带动泵轴转动。皮带的作用十分重要,材质一般为橡胶,由于其需要在机舱高温环境下工作,且跟随柴油机一起高速运转,因此会出现老化、磨损、断裂等现象。

柴油机带泵皮带一旦出现断裂、打滑、脱落等故障，水泵将不能正常工作。因冷却得不到保证，柴油机便不能正常工作，极易造成船舶失控，导致严重后果，因此必须给予高度重视。虽然船舶上有备用皮带，但如果皮带断裂事故发生在船舶航行过程中，尤其是在港内航行时，危险性是非常高的。

由于传动皮带为橡胶件，储存时间长了很容易老化，因此在加强柴油机皮带轮检查的同时，对备品、备件也要定期检查，质量不合格的要及时换新，避免皮带损坏后没有合格的备件进行更换。

本案例是一个因小失大的案例。发生该事故的主要原因有：

（1）船舶实际管理人员的管理经验不足

管理人员没有按照说明书的要求对机带泵皮带的工作状态进行检查，片面认为机带泵皮带发生故障的概率低，且对皮带故障引发的后果估计不足。

（2）船舶设备维护保养制度没有较好落实

受疫情影响，船舶行业受到了很大的冲击。疫情防控期间备件供应困难，技术人员流通受限，致使机带泵皮带产生安全隐患且隐患没有被及时消除。在国内航运市场复苏后，船舶又迅速投入运行，最终导致皮带断裂。

（3）维修保养不到位

本案例所述其中 1 艘故障船舶，虽然故障原因很快查明，修理方案也迅速确定，但是因为没有皮带备件，无法完成修理。船长不得不选择冒险航行，最终导致碰撞大桥事故的发生。

【知识与技能】

本案例为机带泵皮带损坏案件汇总，涉及的理论知识主要有主机齿轮传动过程、皮带轮的检查保养等。在理解理论知识的基础上，应能够结合实际对皮带轮的工作状况进行检查，确保皮带轮的正常工作，为船舶的安全航行打牢基础。

【素质培育】

履职尽责。通过对该案例的学习讨论，让学生明白履职尽责的重要性。皮带虽然只是一个小小的橡胶部件，价格也较便宜，但是出现问题也会威胁船舶的航行安全。在工作中，轮机员需要提高在岗履责的责任意识，做好安全检查与维护保养工作。

战斗精神。要培育学生在应急情况下的战斗精神，熟悉重要设备在应急情况下的操作程序，掌握机电设备在发生事故后的应急处置方法，形成不怕困难、认真负责的工作态度。

研讨题

1.如何做好柴油机传动皮带的日常检查？

2.传动皮带失效是如何影响船舶安全的？

3.通过对本案例的学习讨论，谈一谈为避免类似事件的发生，我们应该做好哪些方面的工作。

案例11　主机机带滑油泵出口管路垫片被冲坏

【课程模块】滑油系统

【案例简介】

2022年6月，中国籍某船在上海港辖区海域航行时，因主机机带滑油泵的滑油出口管路垫片受到高压冲击而破裂，主机滑油向外泄漏，滑油入口压力骤减，主机紧急停车。所幸当时船舶处于锚地附近，航道船舶较少，事故发生后未妨碍通航环境，未造成人员伤亡和后续事故。

经事后调查，造成该起事故发生的原因主要有两点：一是滑油泵出口管法兰处选用的是无石棉法兰垫片，该垫片在使用一段时候后出现老化现象，耐压能力不足，被滑油压力冲击而破裂；二是该船主机的机带滑油泵平时疏于维护，机舱人员未按技术说明书的要求开展每年一次的检修，没有及时发现管路垫片存在的缺陷。

【案例分析】

主机机带滑油泵出口管路中的流动介质，属于高温高压液态润滑油。在正常情况下，滑油出口管路法兰垫片应选择耐油橡胶垫片，而该船实际选用的垫片为无石棉法兰垫片。该型垫片不耐油，在长期受到滑油的高温高压冲击后，容易破裂导致滑油泄漏。

经事后调查，该船轮机员对燃油、滑油和海水、淡水管路垫片的选择有一定了解，但如果进行具体细分，特别是面临高压蒸汽系统、压缩空气系统和二氧化碳系统等不常见的管路系统时，容易出现垫片使用混淆的问题。这些管路的垫片一般与工作液体相互接触,工作环境较为恶劣,且受到柴油机高速运转带来的振动影响,容易老化、断裂。滑油系统的垫片虽然只是一个很小的部件,但一旦出现问题,将会导致主机紧急停车,进而威胁船舶安全,因此必须给予高度重视。

对于船舶管路来说,选择合适种类的密封垫片是保证最佳密封效果的前提,机舱人员可参照《船舶管路系统用垫片和填料选用指南》(CB/Z 281—2011)进行垫片选用,该指南适用于船舶管路系统密封用垫片和填料的设计选用。

【知识与技能】

本案例涉及的理论知识主要有滑油管路系统的功用,管路垫片的种类以及选用方法等。在理解理论知识的基础上,应能够结合实际选用正确的管路垫片,能检查出管路垫片的好坏,为动力装置的安全顺利运行做好保障。

【素质培育】

抓好细节,精益求精。通过对该案例的学习讨论,学生应明白抓好细节的重要性。管路垫片虽然只是一个小小的部件,但其出现问题仍会威胁船舶航行的安全,需要提高细节意识,从小事做起,从细微处入手,精益求精,逐步提升专业素质。

研讨题

1.管路垫片的种类如何划分?

2.分析归纳不同管路垫片与使用场合的对应关系。

案例 12　主机滑油调压阀密封垫片损坏

【课程模块】滑油系统

【案例简介】

2022 年 8 月,中国籍某船在长江口深水航道航行时,船舶主机滑油管路连接法兰的橡胶垫片突然发生破损,主机中的高压滑油发生喷射现象,部分滑油直接喷到主机排烟管的高温部位,在高温作用下滑油燃烧,引发浓烟。本次事故造成该船机舱局部区域着火,烧坏部分线缆电路,所幸未造成人员伤亡。

经调查,该失火事件造成的损失已构成一般事故等级,进一步分析事故原因,主要是主机滑油压力调节阀法兰间的密封垫片被冲坏,导致高压滑油出现泄漏,并喷射至主机排烟管,因其表面高温引发滑油燃烧。

【案例分析】

事后查明,该船机舱右主机滑油调压阀管路连接法兰处所用的密封垫片为普通橡胶材质,不是船检机构检验认可的专用耐油材质。普通橡胶长期与油接触后,容易出现膨胀和溶解现象,导致密封不良,高压滑油从法兰缝隙处喷射到主机排烟管底部无隔热包扎的裸露部位,因温度过高而引发滑油燃烧。

据调查询问,该船船员虽然对选择机舱管路系统的密封垫片有一定了解,但是在选用高压滑油管路垫片上较为随意。在机舱管路的管理维修工作中,出现了该船船员随意选取垫片、重复使用旧垫片或者通过不断叠加垫片的方式来保证法兰密封情况,片面认为只要能保证法兰密封面不泄漏就没有问题,反映出船员正确选择管路垫片的专业能力不足,未能估计到液体介质温度、压力以及管系振动的影响。

船舶管路垫片的选用可参照《船舶管路系统用垫片和填料选用指南》(CB/Z 281—2011)。

【知识与技能】

本案例涉及的理论知识主要有滑油压力调节阀的功用、法兰管路垫片的种类以及选用方法等。在理解理论知识的基础上,应能够结合船舶管路系统实际选用正确的法兰垫片,提升选用垫片的专业能力,为船舶主机的安全运行做好保障工作。

【素质培育】

认真细致。通过对该案例的学习讨论,引导学生明白认真细致的重要性,不可随意或按照个人想法进行管路垫片的选用,也不可片面认为不泄漏就是正确选用了垫片。

全面分析。在选用管路垫片时需要遵循一定的原则,主要要考虑使用环境条件下的温度、压力、介质等因素,因此在选用垫片时需要有全面分析的能力,综合考虑各种因素的影响,同时结合船舶设备实际,统筹兼顾,做好设备管理工作,确保船舶航行安全。

研讨题

1.法兰垫片的种类如何划分?

2.结合本案例,谈一谈如何提高法兰垫片的选用能力。

3.不同材质的法兰垫片(如橡胶、石棉、金属等)在不同工况(温度、压力、介质)下的适用性如何? 请结合船舶实际举例说明。

案例 13　主机缸套裂纹漏水致船舶失控碰撞

【课程模块】冷却系统

【案例简介】

一艘船正驶过一条狭窄海峡。引航员登上驾驶台后不久,要求船舶全速前进。在接下来的半个小时里,一切都很顺利。突然,该船主机 6 号缸气缸套周围出现大量冷却水。机舱工作人员试图隔离 6 号缸,但出口阀无法有效关闭,行动失败。由于冷却系统严重泄漏和出现低压报警,主机自动减速。

此时船舶仍然处于狭水道航行状态,周边还有几艘正在航行的小型船舶。由于主机自动减速,船舶航速明显降低,舵效极差,无法按照预期计划及时改变航向,最终避让不及与一艘对向行驶的渔船发生碰撞。

【案例分析】

这是一起主机缸套裂纹漏水导致的船舶失控碰撞事故。其主要原因有:

(1)冷却水系统维护不足

主机气缸套裂缝导致漏水,通常与冷却水系统维护不足有关。在这种情况下,冷却水系统会存在大量污垢和金属颗粒沉积物。这些污垢和金属颗粒沉积物由循环冷却水带入柴油机,进入气缸盖和冷却水套之间的间隙,影响气缸套的散热。同时,冷却水处理得不好,会导致发动机部件被严重腐蚀,也可能导致缸套开裂。冷却水与燃油和润滑油一样,也是一种液体介质,只有仔细选择、处理、维护和监控,才能避免因冷却水品质问题导致的主机故障。

（2）狭水道航行未适当减速

在狭水道航行时，船舶不宜全速前进，应当适当降速，降低主机负荷，保证主机的工作状态良好，延长使用寿命。

【知识与技能】

本案例涉及的理论知识主要有冷却水系统的功用，缸套裂纹产生的原因及故障表现。在理解理论知识的基础上，应能够分析缸套裂纹产生的原因，判断柴油机缸套裂纹故障类型，能够结合船舶实际正确维护主机的冷却水系统，为船舶主机的安全顺利运行做好保障工作。

【素质培育】

认真细致。通过对该案例的学习讨论，学生应明白认真细致的重要性，对冷却水介质应当加强维护和监控，发现杂质颗粒要及时处理，确保冷却水的质量符合要求。

忧患意识。"生于忧患，死于安乐"，在管理主机的过程中，要时刻有忧患意识，不超负荷使用主机，防患于未然，确保船舶航行安全。

研讨题

1.柴油机缸套出现裂纹的主要原因有哪些？

2.如果柴油机缸套出现裂纹，如何通过外部特征进行判断？

3.请结合所学知识，分析气缸套裂纹对柴油机的密封性、燃烧效率以及动力输出等性能指标的影响。

案例 14 主机喷油器固定螺柱断裂

【课程模块】燃油系统

【案例简介】

某船航行时机舱内发出巨大声响,警报起动。三管轮前往调查,发现机舱内充满黑烟,火焰从主机的 2 号气缸喷油器中喷出。

三管轮立即通知驾驶室,要求停止主机运行。一切应急措施按照标准应急程序进行,在确认所有船员已离开机舱后,二氧化碳灭火系统起动。

虽然主机本体在此次事故中没有受到太大损坏,但控制系统、电线和面板都受到了严重损坏,主机不能起动运行,船舶失去动力。调查显示,固定喷油器的两个螺柱在螺纹根部发生剪切断裂。

【案例分析】

这是一起主机喷油器固定螺柱断裂事故,直接引发了高温燃气从气缸喷油器处向外喷出,机舱失火,控制系统、电线和面板被烧毁。由于三管轮的应急措施有效,这次事故未造成人员伤亡。其主要原因有:

(1)固定螺母拧得过紧

事后调查发现,该缸喷油器在最近一次修理中,未使用标准的扭矩扳手将螺母拧紧,而是使用普通扳手,导致螺母拧得过紧,螺纹遭受拉伸交变应力最终发生疲劳断裂。

(2)未配备防过紧装置

有的船舶配备带弹簧加载装置的垫片——防过紧装置,如果遵循手动拧紧程序,则不会出现螺母过度拧紧的风险。但该船主机没有配备该类装置。

另外,固定这些螺母的正确方法是使用经校准的扭矩扳手,并按照制造商建议的扭矩数值拧紧螺母。

【知识与技能】

本案例涉及的理论知识主要有喷油器的功用、喷油器固定螺柱断裂的原因等。在理解理论知识的基础上,应能够正确分析固定螺柱断裂的原因,进一步掌握螺母正确拧紧的方法,为船舶主机的安全顺利运行奠定基础。

【素质培育】

沉着冷静。通过对该案例的学习讨论,学生应明白了沉着冷静的重要性。发生事故并不可怕,及时正确处理,避免损失扩大更为重要,这需要长期的经验积累和严格的训练,需要学生在校期间认真学习,提升本领。

科学严谨。通过学习讨论,引导学生以严谨的态度、科学的方法,一丝不苟地遵循主机的技术要求进行操作,杜绝随意和主观臆断的行为。针对锁紧螺母的锁紧力矩,相关操作指南中有明确的规定,禁止随意更改或盲目操作,更不是拧得越紧越好。在船舶机电设备管理中,确保每一个操作步骤都精确无误,是对船舶运行安全有力的保障,更彰显专业精神和责任担当。

研讨题

1.喷油器的结构原理是什么?

2.结合本案例,分析归纳不同零部件螺母的锁紧方法。

案例 15　燃油催化粉末含量偏高造成主机磨损

【课程模块】燃油系统

【案例简介】

某船舶在波斯湾港口满载后,驶往澳大利亚东部港口。

这艘船在阿拉伯海航行时遭遇恶劣天气,其间加装了燃料。航行 4 天后,主机出现了排气温度偏高的情况。停机检查发现,3 号气缸所有活塞环断裂,其他单元活塞环也有严重磨损迹象。该船隔离了 3 号气缸,低速驶往新加坡港。抵达港口后,制造商批准的承包商在锚地现场评估故障并支持船上团队进行维护。经查,所有主机单元均存在不同程度的咬合,许多活塞环断裂,在大多数缸套上也发现了表面裂痕。

最终,该船因维修和清洁油箱而延误了7天,船东和租船人之间也因此产生的高昂费用引发了代价高昂的纠纷。

【案例分析】

这是一起因燃油品质低引发的事故。经化验,尽管燃料分析报告显示所有燃油参数均在技术规格范围内,但催化粉末含量很高(54ppm)。催化粉末在燃料精炼厂的催化裂化过程中产生,以复合铝硅酸盐的形式存在,根据所用催化剂的不同,其大小和硬度也不同。发动机制造商通常建议,进入发动机的燃油中的催化粉末含量最高为15ppm。由于所加燃油的催化粉末含量明显偏高,因此必须确保船上备有足够的燃料处理和净化设备,它们能够有效地将燃料中的催化粉末含量控制在15ppm以下。

该案例中,船员未对燃油的品质有足够的重视,没有使用净化设备进行过滤净化。由于催化粉末非常坚硬,其可能嵌入缸套、活塞槽和活塞环的金属表面,从而损坏这些零件。在3号气缸活塞环全部断裂的情况下,船员对其仍不重视,未深入排查原因,仅隔离3号气缸,主机仍旧运行,致使负面影响扩大,所有主机单元损坏,不得不维修并清洁油箱,并产生了纠纷。

【知识与技能】

本案例涉及的理论知识主要有油料的基础知识、油料的净化方法等。在理解理论知识的基础上,应能够正确分析因油料品质导致活塞环断裂的原因,进一步掌握船舶油料管理方法,为船舶主机的安全顺利运行奠定基础。

【素质培育】

认真细致,全面分析。通过对该案例的学习讨论,引导学生养成认真细致的习惯,秉持认真负责的态度,不断提高对故障进行全面分析和判断的能力。对事故苗头除了要及时正确处理之外,更要不断反思,避免损失扩大。

研讨题

1.与燃油品质有关的指标通常有哪些?

2.结合本案例,分析归纳活塞环断裂的原因。

案例 16 某船试航主机轴瓦事故分析

【课程模块】动力传递组件

【案例简介】

某 5 万吨级船试航,在主机磨合试验 3 h 后,利用温度计测量主机各个轴瓦的温度,3 号缸轴瓦温度明显高于其他缸轴瓦温度;进一步检查油底壳内的滑油,发现其中存在微小的黑色颗粒物。船员认为是主机内部瓦片发生磨损,从而产生了磨粒,磨粒最终进入了油底壳的滑油中。试航被迫终止。

针对该故障,工作人员展开了排查。一是仔细检查了缸内十字头两侧导板,未发现异常,排除了导板平行度不良的可能性。二是拆检主机滑油自清滤器的滤芯,虽然在滤芯上发现少许细小漆皮等脏物,但并未发现导致主机轴瓦磨损的硬质颗粒。三是用主机专用拆卸工具将 3 号缸的十字头上轴瓦和下轴瓦全部拆下,发现下轴瓦磨损严重,表面有近 2 mm 深的划痕,且分布不均,局部存在偏磨现象。

工作人员在征求主机服务商的意见后,更换了该缸的十字头下轴瓦。复装工作结束后,让主机以 55 r/min 的速度运行近 40 min,停车后对 1~6 号缸的各道轴瓦进行检查,此时再次在主机滑油内发现了细小黑色金属屑,吊起活塞杆,发现十字头下轴瓦仍有磨损痕迹。

【案例分析】

结合上述案例中的现象,经过仔细的分析,认为造成轴瓦磨损的原因可能是滑油质量方面和本身结构方面的问题。

滑油质量方面,可以通过取样的方法进行检查,看有无颗粒物,或者找一处位置较低的弯管,拆开膨胀接头查看有无沉积物。上述检查如果正常,说明滑油质量没有问题。从其他缸轴瓦正常工作的情况来看,滑油出现质量问题的可能性很小,但排查还是有必要的。

本身结构方面,需要排查的因素包括滑油油路不畅通、机体变形、轴瓦配合间隙不当或本身有质量问题、十字头销椭圆度不好等。经过拆检,滑油油路是畅通的,轴瓦也不存在断油问题;测量主机臂距差和轴瓦间隙,数值也符合要求。工作人员查看备件订单,确认此轴瓦为原厂供货,而且其他缸轴瓦未出现问题,可以排除轴瓦的质量问题。那么最有可能存在问题的是曲柄销或十字头销的椭圆度超标。假设十字头销带有一定锥度,会导致连杆与十字头的垂直度不好,两者中心线不在一条直线上,也就是有偏心现象。结合该案例中过度磨损的部件主要是下轴瓦的状况,说明十字头下轴瓦承受了连杆在一定角度范围左右摆动时十字头销给予的冲击力,造成了异常磨损。

根据以上的分析,由于连杆与十字头垂直度不好,因此只更换一道下轴瓦无法排除故障,这也说明了为什么在更换下轴瓦后,主机低转速下仅磨合 40 min 后再次出现明显磨损。要想根除故障,必须将该缸的整套十字头上轴瓦和下轴瓦、十字头销、连杆等部件全部更换。更换前,应仔细检查外形情况及合格证,确保其符合要求。安装过程中要注意把握好十字头上轴瓦间隙,确保其符合技术说明书的要求。更换完毕之后,主机试车,逐步提高转速,并每隔 30 min 进行停机检查,各缸轴瓦均处于正常,状态问题得到解决。

【知识与技能】

本案例涉及的理论知识主要有曲柄连杆机构的原理、十字头销的功用和工作原理、轴瓦的功用及结构、轴瓦损伤的原因等。在理解理论知识的基础上,应能够从多个角度正确分析轴瓦损伤的原因,进一步掌握轴瓦损伤故障的排除方法。

【素质培育】

实事求是,理论联系实际。通过对本案例的学习讨论,引导学生进一步强化实事求是的工作作风,不回避问题,不逃避责任。要坚持理论联系实际,逐步分析导致故障发生的原因,直至找到问题的源头。要注重对统筹协调能力的培养,加强团队协作意识,提高解决问题的效率,实现各方共赢。

研讨题

1.分析轴瓦的结构和功用。
2.结合本案例,分析归纳主机轴瓦损伤的原因。

案例 17　主机高压油管漏油事故

【课程模块】燃油系统

【案例简介】

2022 年 5 月 17 日 0405 时,某船于航道发生主机故障,机舱集控室立即通知驾驶台减速停车,驾驶台发布船舶动态,船长要求机舱排查原因。经机舱排查,导致故障产生的原因是主机 7 号缸高压油管连接座上的紧定螺钉松动,止回滚珠没有复位,导致燃油从紧定螺钉松动处泄漏。0410 时,船长申请原地抛锚修理;0415 时,机舱开始更换高压油管连接座,并于 0445 时更换修复完成;0446 时,开始试车;0450时,试车正常。

【案例分析】

结合上述案例现象,经过仔细分析,其原因应有以下几点:

(1)船员因素

责任船员、当班轮机员机舱巡检不及时、不细致。轮机长没有按照说明书组织人员对各重要部件按照规定的时间间隔进行定期拆检。

(2)设备因素

主机 7 号缸高压油管连接座上的紧定螺钉松动,止回滚珠没有复位,导致燃油从紧定螺钉松动处漏出。

虽然该案例中故障产生的直接原因是紧定螺钉松动,而在主机振动的情况下这属于正常现象,但是止回滚珠没有复位,导致燃油从紧定螺钉松动处漏出,引发安全隐患,显然仍有船员人为因素的影响,值得反思。

【知识与技能】

本案例涉及的理论知识主要有燃油系统的工作原理、高压油管连接件的密封原理等。在理解理论知识的基础上,应能够迅速找准高压油管泄漏的部位,分析原因,学会运用各种检测工具和方法来辅助故障诊断,熟练掌握高压油管连接件的更换方法和技巧,提升设备维护管理能力和安全意识。

【素质培育】

认真细致。通过对本案例的学习讨论,进一步强化认真细致的工作态度,能够及时发现故障隐患、及时处理,防止问题扩大。

爱装管装。培育爱装管装的意识,按照技术说明书要求做好装备检查工作,爱护每一台装备,确保装备安全可靠。

强化风险意识和危机处理能力。船舶主机故障是一种突发情况,教育学生认识到在工作中要提前做好应急预案,以便在危机发生时能够迅速有效地应对。

研讨题

1.请论述主机燃油高压系统的组成和工作原理。

2.结合本案例,分析归纳高压油管容易泄漏的部位和相应的防范措施。

3.结合本案例,分析在船舶主机突发故障时,船员应如何进行有效的应急处理和故障修复。

案例 18　主机高压油泵卡死事故

【课程模块】 燃油系统

【案例简介】

2022 年 5 月 20 日 1400 时,某船正在航行途中,机舱主机突发故障停车。1403 时,轮机部积极组织抢修,查找原因,排查故障。轮机长打开柴油日用油柜放残阀,发现有少量水分可以放出,表明柴油中已经含有较多水分。经检查,值班人员未将燃油经过分油机分离,直接驳至日用油柜,且未及时放残,造成燃油中水分过多,含水燃油进入主机系统后使高压油泵咬死,造成主机突发停车。

【案例分析】

在本案例中,造成主机突发停车故障的直接原因是值班人员未将燃油经分油机分离,直接驳至日用油柜,且未及时放残,造成燃油中水分过多,进入主机系统后使高压油泵咬死。

结合上述案例现象,经过仔细分析,该事故发生的原因有以下几点:

（1）船员因素

值班人员直接将未经过分油机分离的燃油驳至日用油柜，造成其水分过多。燃油进入日用柜后又未及时放残，造成含水燃油进入主机。机舱值班人员航行期间巡回检查不及时，未遵守每小时检查日用油柜并放残的规定要求。

（2）设备因素

含水燃油进入主机致使主机高压油泵咬死，主机停车。

这起案例值得反思，属于人为因素导致的故障，反映了值班船员安全意识、责任意识和业务素养均不足，规定落实不严格、流于表面和形式的问题。

【 知识与技能 】

本案例涉及的理论知识主要有高压油泵的工作原理、燃油净化的基本知识等。在理解理论知识的基础上，应能够排查主机突发停车的故障原因，进一步掌握高压泵的维护保养方法，提升船员对于主机的维护管理能力和安全意识。

【 素质培育 】

爱岗敬业。爱岗敬业是个人成长进步的前提和基础，是衡量个人品行和能力的重要标尺。通过对本案例的学习讨论，进一步强化爱岗敬业的工作态度，激发奉献精神，让学生能够从简单处入手，贡献自己的力量。

履职尽责。培育学生树立履职尽责的意识，不断提升自己的专业技能和综合素质，为未来的职业发展打下坚实的基础。

研讨题

1.请论述主机高压油泵的组成和工作原理。

2.结合本案例，分析归纳高压油泵的常见故障。

3.请论述燃油是否含有水分的判断方法。

案例 19   主机倒车起动失败

【课程模块】起动系统

【案例简介】

某船主机型号为直列 6 缸柴油机,采用压缩空气起动方式。在最近的几个月内,该船主机正车起动均正常,倒车起动除偶发性失败外,基本都能成功。即使第一次起动失败,在油门加大之后再起动一次,基本也能成功。因此该船轮机部人员对倒车偶发性起动失败现象没有给予重视。

某航次,该船在锚地休整完毕后,准备起航发现倒车无法起动,再试也无法成功。主要故障表现如下:在集控室实施倒车起动操作,主机转速可以达到发火转速,但不能持续运转,不久就停机;切换到机旁控制模式,倒车起动成功。

【案例分析】

本案例中,造成倒车起动失败的原因分析可以从以下几个方面进行:

(1)排查起动系统

通过正、倒车起动测试,发现气缸主起动阀的开启时间基本一致,压缩空气可以正常进入气缸。

(2)检查换向系统

经检查,换向延时在 6 s 左右,处于正常范围。

(3)检查停车系统和应急停车装置

将高压油泵上的停油阀拆下,连接测试装置和压力表进行测试,发现停车信号正常,并无泄漏等异常现象。

(4)检查主机调速系统

测定 65 号阀的输出压力,发现主机油门设定压力为0.22 MPa,正常设定压力为0.2~0.3 MPa,处于正常范围内。

但在试车过程中存在一个现象:在起动主机时,控制空气压力下降较为明显,由原来的 0.7 MPa 下降到 0.6 MPa 左右,且在 71 号阀处有气体泄漏的声音。71 号阀的作用是接收 65 号阀的转速设定压力,再作用到主机调速器上,用来稳定主机转速。结合以上现象,初步判定 71 号阀泄漏,从而导致作用在调速器上的压力不足,主机实际起动时的油门过小,喷油量不足。而当主机转成机旁油门杆操纵状态时,由于脱开了调速器,71号阀不起作用,因此不影响起动。

事后对该主机的71号阀进行拆检,发现内部密封件老化,证实存在泄漏,故障原因查明。

根据这次故障发生的前因后果,可以看出某些故障实际上是由很小的隐患造成的。在本案例中,阀件内部的密封件老化,造成密封不良漏气。正车起动时柴油机正常,主要是因为正车起动时所需油量较小,相对倒车容易起动。但是如果不及时修复的话,时间一长,泄漏量增大,正车起动也将会失败。

71号阀实际上属于遥控系统的一部分,根据技术说明书的要求,每5年要进行一次维护保养,更换密封件。事后查询主机的维修记录发现,该主机出厂10年,未做相关的维护保养。

本故障的处理措施如下:拆解71号阀,更换内部密封件,并进行清洁、装复,主机正倒车起动恢复正常。为了避免类似事故再次发生,故障解决后船员又对主机遥控系统进行了一次全面的维护保养,确保航行安全。

【知识与技能】

本案例涉及的理论知识主要有压缩空气起动系统的工作原理、主机起动失败的原因,主机遥控系统的工作原理等。在理解理论知识的基础上,应能够排查主机起动失败的故障原因,提升对主机的维护管理能力和安全意识。

【素质培育】

履职尽责。通过主机遥控系统的故障是由小的隐患发展而来,可以看出,任何一个小的疏忽都有可能导致严重的后果,应提高履职尽责的意识,以高度的责任感和使命感对待工作中的每一项任务,无论其难易程度如何,将履职尽责贯穿于工作的始终,为船舶的安全航行保驾护航,为行业的发展贡献力量。

失败是成功之母。结合主机起动失败,后经排查成功解决问题的经历,体会到失败并不可怕,只要认真反思并努力克服,成功率就会大大提高。

知行合一。主机技术说明书已明确71号阀的维护周期,然而在实际操作中相关人员却长达10年未执行。教育引导学生要将知识与行动紧密结合,经常对照技术规范和操作流程进行反思,记录执行过程中的偏差,提出改进措施,做到知行合一。

研讨题

1.论述主机压缩空气起动系统的组成和工作原理。

2.结合本案例,分析归纳主机起动失败的原因。

3.结合本案例,尝试分析燃油供应部分在主机起动中的重要作用。

案例20　某船航行状态下主机倒车不能起动

【课程模块】柴油机管理

【案例简介】

　　某船主机的排气阀、空气分配器、正倒车换向、进油等采取的是凸轮轴液压换向方式,起动方式为压缩空气起动方式。某航次航行过程中该船抵达引航锚地后抛锚,在等待引航的过程中,进行了一次主机的正车和倒车试验,没有出现异常。完成后,该船以进三状态进行稳定航行,途中因发现前方有其他船只,采取刹车避让。该船先将主机减速至进一,然后停机,后切到倒车起动却只听到起动声音,不能顺利起动。

　　此时,该船采取抛双锚进行强制制动的应急措施,避免碰撞事故的发生,但出现了锚链拉断、双锚丢失的情况。事后,船长组织人员对设备进行抢修,恢复了双锚。停泊后,该船又进行了正倒车试验,主机又能够正常起动。于是,轮机长认为倒车不能起动是偶发因素导致的,倒车时机选择不当,没有深入分析事故的原因。

　　之后在一次航程中,该船从正车切换到倒车,再次出现倒车起动失败的情况。后该船经过多次试验发现,在停泊状态下,正车和倒车互换,起动都正常;在航行状态下,船舶正车切换倒车就会出现起动失败的现象。

【案例分析】

　　本案例中,船舶在停泊状态下,无论是正车还是倒车,主机起动都没有问题,说明该船主机的换向系统及起动系统能够正常工作。而在航行状态下出现倒车起动失败,最大的可能性应该是供油系统出现了问题。柴油机的供油系统包含喷油器、高压油泵、调速器、停油伺服器和油门限制器等部件。考虑到航行时主机各缸的工况没有出现异常,因此本次故障同喷油器及高压油泵的关系不大。

首先,排查调速器,方法如下:将调速器脱开,改用机旁操纵进行测试,倒车起动依旧失败,说明跟调速器没有关系。

其次,排查断油伺服器。该部件主要起到断油作用,把油门杆推向零位停车、应急停车、换向错位等情况下,断油伺服器动作。经过测试,在倒车起动时,断油伺服器已释放油门杆,说明断油伺服器正常。

最后,排查油门限制器。该部件在非受控状态时,受内部复位弹簧力的作用,作用活塞释放油门杆;当主机起动时,来自起动控制阀的一路空气作用于活塞底部,使活塞杆伸出顶住油门杆,限制油门杆开度,防止起动油门过大。经过排查,起动油门限制器由于长期缺乏保养,其中活塞压盖螺栓松动,压盖位置外移,在倒车起动时,活塞杆伸出过长(基本上将油门杆压到零位),油门较小,供油不足,导致起动失败。

还有一个现象需要分析,那就是为什么船舶停航时倒车能起动,而在航行状态下倒车起动会失败? 主要原因如下:

该船主机的起动设计是按油、气共进原理设计的。主机正常起动时,起动空气进入气缸,此时燃油也同时喷入气缸内,且喷油量由起动空气限制器控制。当主机达到发火转速而发火,操作人员释放起动按钮,起动空气停止进入气缸,起动油门限制器释放油门,喷油量由调速器进行控制,主机正常运转。如果起动油门限制器出现故障,原设计的油、气共进变成了气、油分进,按下主机起动按钮,起动空气进入气缸,但因起动油门限制器的过分限制,只有很少燃油进入气缸。当船舶在航行时,由于船舶仍有正车余速,螺旋桨扭矩很大,起动空气切断后主机转速下降很快,燃油因滞燃而来不及发火燃烧,造成起动失败;而船舶停泊时,螺旋桨扭矩相对较小,主机转速下降较慢,足以保证燃油发火燃烧,因而可以成功起动。

【知识与技能】

本案例涉及的理论知识主要有压缩空气起动系统的工作原理、供油系统的组成等。在理解理论知识的基础上,应能够排查因供油导致主机起动失败的原因,提升对主机的维护管理能力。

【素质培育】

具体情况具体分析。主机起动失败的原因是多样的,要结合故障具体表现做具体的分析判断,不可墨守成规,否则会导致故障排除效率低。

失败是成功之母。结合主机起动失败后经排查成功解决的案例,感受到失败是成功之母的真谛,在学习、生活中不怕失败、不怕困难。

抓早抓小,预防故障发生。一般情况下,装备出现故障都是有前兆的,如果能及早发现并及时修复,就不会发生后面的险情。对于柴油机的起动系统故障一定要尽早排除,不能有侥幸心理,要做到抓早抓小,避免装备出现大故障。

研讨题

1.论述主机供油系统的组成和工作原理。

2.结合本案例,深入分析供油系统故障导致主机起动失败的原因。

案例21 主机须起动数次才能成功

【课程模块】柴油机管理

【案例简介】

某船主机采用直列6缸柴油机,在集控室和驾驶室分别设有遥控功能。某日开航前,主机连续起动3次才成功,后将控制权限转换到驾驶室遥控。当班轮机员未将该情况及时上报,直到到达锚地抛锚避风时,才向轮机长报告开航前主机起动不顺利的情况。轮机长非常重视,立即组织人员进行检查。经检查发现,主机冲车运转后不能马上起动,且断油伺服器顶杆处有明显气体泄漏的声音,初步认为是断油伺服器有故障。

通过将断油伺服器解体,发现断油伺服器的工作气缸内部,活塞与缸壁间起密封作用的橡胶圈(其断面为Y形)已经磨损老化,出现漏气。因为漏气,油量调节杆无法动作,燃油难以喷入气缸,从而导致起动不顺利。而由于该橡胶圈暂时没有备件,轮机员只能临时用其他密封圈应急使用,勉强保持住密封性。

【案例分析】

该主机须起动数次才能成功的原因,主要是断油伺服器气缸中密封圈老化而磨损泄漏,空气压力不足以克服活塞的弹簧力,因此位于活塞杆一端的油量调节杆始终被顶住,燃油无法进入高压油泵,主机起动困难。

而在连续起动数次后,气缸内供气量增多,抵消了漏气量的影响,能够克服弹簧弹力将活塞推动,释放了油量调节杆,燃油得以进入高压油泵,从而被顺利喷入气缸,主机起动成功。这也就是为什么起动数次后主机能够成功起动。

值得注意的是,如果密封圈继续恶化,泄漏量加大,则很有可能导致主机一直起动不成功,所以碰到类似问题,应当立即进行排查。本案例中当班轮机员的责任意识和风险意识不足,而轮机长的处理方式非常正确。

从该案例中可以吸取的教训主要有:

①要按照技术说明书的要求,定期对主机各缸上的起动阀进行检修并加注滑油。

②主机更换备件后,应尽可能暖缸做冲车起动试验,检查设备是否良好,做到心中有数。

③如果出现主机多次起动失败的情况,应该立即组织检查,通过听声音和手摸管路等办法,迅速确定原因。

【知识与技能】

本案例涉及的理论知识主要有压缩空气起动系统的工作原理、断油伺服器的结构原理等。在理解理论知识的基础上,应能够分析排查主机起动失败的原因,牢记相关注意事项,提升对主机的维护管理能力。

【素质培育】

具体情况具体分析。主机起动失败的原因是多方面的,要结合故障具体表现做具体的分析判断,不可墨守成规,否则会导致故障排除效率低,浪费宝贵的时间。

机会是留给有准备的人。结合该案例,懂得做任何事情都要做好充分的准备。学生应珍惜每一次学习和成长的机会,不断提升自己的能力和素质,做任何事情都要准备妥当,以便在机会来临时能够牢牢抓住。

研讨题

1.论述主机压缩空气系统的组成和工作原理。

2.结合本案例,深入分析如何避免因密封件老化而导致类似故障的发生。

案例 22　航行中主机停车再起动发生爆燃

【课程模块】燃烧室组件

【案例简介】

某船某日开航时主机起动正常,航行过程中主机工况良好。船舶抵达某港口作业后,准备起锚,在起动主机第 1 次冲车过程中,主机 2 号缸发生爆燃,缸盖安全阀处冲出火焰。此后在靠泊时,主机停车后再起动,该缸再次出现爆燃。

轮机长组织人员检查喷油定时,拆下 2 号缸喷油器进行雾化试验,均没有发现异常,解体该缸对应的高压喷油泵也没有发现问题。相关人员采取与其他缸对调喷油泵和喷油器的办法,也没有解决该故障。该船每次到港,主机停车后再起动,2 号缸就出现一次爆燃,但是在冷车起动时没有该现象。

后来该船停泊某港后,轮机长组织人员针对 2 号缸进行全面检查。检查人员从 2 号缸的扫气室观察孔处一边盘车,一边检查活塞,当活塞运行到下止点时,看到活塞顶部有一条油迹。通过吊缸检查,发现活塞顶部有一长约 200 mm 的裂纹,更换活塞备件后,后续航程中 2 号缸再也没有发生爆燃现象。

【案例分析】

该案例中,主机一个突出的故障特点是主机 2 号缸在停车再起动时易发生爆燃,但在冷车起动时却没有出现类似情况。该船组织人员初步排查了喷油泵、喷油器等供油部件,也检查了喷油定时,都没有发现异常。后来在对燃烧室进行深入检查后,相关人员才发现活塞顶部有一条油迹,实际上已经出现了活塞裂纹。事后总结经验教训,主要是该船船龄已有 20 余年,以往由于多种因素使活塞热负荷过高,传热效果降低,应力集中,引起活塞顶出现裂纹。

如何解释该船热车后的起动会引起爆燃,而冷车起动没有爆燃呢?这是由于主机运行后停车,此时活塞仍然处于高温状态,裂纹张开,部分滑油发生汽化进入气缸内。随后主机起动,气缸内积存油气较多引发爆燃现象。停泊后随着时间的延长和气缸的变冷,滑油汽化量不多,且裂纹处于冷缩状态,故气缸内油气量较少,冷车起动不会爆燃。

正常航行中随着主机转速加快,活塞裂纹不会对航行安全造成太大影响,故起动后主机工作还算正常。

【知识与技能】

本案例涉及的理论知识主要有燃烧室组件的组成原理、主机爆燃的机理等。在理解理论知识的基础上,应能够逐步分析、排查主机发生爆燃的原因,提升对主机的维护管理能力。

【素质培育】

脚踏实地。该船服役年限较长,主机发生爆燃的隐患早已埋下,这就要求我们在进行船舶机电设备管理时不得有半点马虎与敷衍。通过对该案例的学习讨论,教育引导学生在日常巡检、维护设备时,亲力亲为,严格按照操作流程,一步一个脚印地落实,不能仅凭口头询问或主观臆断来判断设备状况。

科学分析。针对该船主机热车起动爆燃,而冷车起动没有爆燃的现象,能够结合已掌握的理论知识进行科学分析,提高对故障分析的精准度和效率。

研讨题

1.论述主机燃烧室组件的组成原理。

2.结合本案例,分析归纳主机发生爆燃的主要原因。

案例 23 主机缸套裂纹的修复

【课程模块】燃烧室组件

【案例简介】

某船舶返航,开始时非常顺利,主机各个参数正常,运转良好。6月2日,该船抵达新加坡港,加重油 800 t。由于船舶船龄较高,加油期间大管轮加强对主机扫气箱检查、清洁,其间没有发现异常,完成加油后船舶正常航行。6月12日1730时,船舶航行至长江入海口附近,轮机长发现缸套水压力突然异常波动,膨胀水箱水位异常降低。

轮机员事后检查主机的压力表、缸套水泵、缸套水管,没有发现异常。缸套水冷却器泄漏不会造成缸套水压力异常波动,从而基本确定是主机缸套或缸头裂纹导致出现异常。轮机员立刻对主机各气缸进行检查,依次打开各缸示功阀后,发现主机4号缸有大量水和水蒸气排出,由此判断4号缸的缸套或缸头可能出现裂纹导致缸套水泄漏至气缸,从而造成缸套水压力异常波动和膨胀水箱水位异常降低。

轮机长决定立即对4号缸进行封缸,并向上级汇报。抵达江苏南通锚地抛锚后,轮机部门组织抢修,拆下主柴油机4号缸缸头,取下喷油器后对汽缸内部进行检查,发现缸套上部左侧漏水明显,从而确定了缸套裂纹。经上级同意后,相关人员连夜更换缸套。

此时,船上有备用缸套1个、备用缸头1个、备用活塞1个。该船轮机组人员训练有素、工作积极,也有足够多的经验,从而使更换缸套工作在10 h内顺利完成。从事故发生,到维护修理,再到按时进港,由于发现问题、处理问题及时,此次事故未造成实质影响。

【案例分析】

该案例主要描述了缸套裂纹导致的主机故障,故障现象主要为缸套水压力异常波动和膨胀水箱水位异常降低。以下,从故障原因、故障处理办法以及经验教训等方面展开分析。

1.故障原因

(1)缸套水压力异常波动的原因

①压力表故障;

②缸套水泵故障;

③缸套水管路泄漏;

④主机缸套裂纹;

⑤主机缸头裂纹。

(2)膨胀水箱水位异常降低的原因

①缸套水泵泄漏;

②缸套水管路系统泄漏;

③缸套水冷却器泄漏;

④主机缸套裂纹;

⑤主机缸头裂纹。

根据上面的分析,本案例中同时出现了缸套水压力异常波动和膨胀水箱水位异常降低的现象,且经过轮机员的检查确认,仪表、水泵、管路均没有发现异常,因此可以确定故障原因是部件出现裂纹,但是裂纹的部位尚需要进一步的确定。通过逐缸检查以及拆卸,机组人员发现是4号缸的缸套出现了裂纹。

2.故障处理

通过以上分析,得出的修复方案为更换缸套以及上面的附属密封垫片。具体可以分为以下几步进行:组装主机备用缸套,拆下主机旧缸套,安装主机备用缸套。

首先,组装主机备用缸套。组装备用缸头时必须把缸套平放于地板上,并用桁车吊起缸头;然后安装好新的密封圈后垂直放下,并在密封圈处涂抹牛油,保证润滑,放回原处备用。

其次,拆下主机旧缸套。第一步,把旧缸头吊出。船舶在长江抛锚,随时可能发生摇摆,由于主机缸头质量大,任何方向的大幅摇摆都极有可能在惯性作用下拉断钢索并危及人员的安全。为保证安全,确保有序统一指挥,应当缓慢地吊运缸头。缸头吊出后,用同样的方法将缸套吊起。在吊缸套的初期,由于缸套使用时间较长,仅仅使用手拉葫芦无法正常吊出,可在缸套下方放置两个千斤顶,缸套在上方手拉葫芦的拉力下和下方千斤顶的推力下,缓慢吊出。

最后,安装主机备用缸套。该型主机采用了湿式缸套,与干式缸套相比缸套壁厚稍大,但散热能力强。在船舶安装湿式缸套时,应该彻底清洁缸套内外和主机机体与缸套的接触部分,发现有毛刺、尖角和刮手处,应先用锉刀锉平,再用砂布磨平。各部位清洁干净后,应在其上涂一层润滑油或肥皂水。将缸套装入机体座孔时,应平均用力放下,为避免船舶摇晃带来的影响,除上方用手拉葫芦吊起外,左右也可用手拉葫芦固定。若配合较松,应取下查明原因,排除后再安装。缸套装上后,一定要加水试压,只要缸套有一点漏水,就要重新检查、安装。

3.经验教训

船舶主机缸套所在的工作环境,决定了它是容易产生裂纹的主要部位之一。通常情况下,导致船舶主机缸套产生裂纹的因素有热应力、机械负荷、热负荷、气缸润滑情况、缸套本身质量等。该船在长江航行时,经常加减用车,热应力变大;在海上航行时,经常加减喷油量,从而导致热负荷增加。该船之前存在气缸润滑油喷油量过小的现象,由于机型偏老,原厂备件较贵而采用了工厂翻新件。与原厂件相比,翻新件质量存在一定的差距。以上均导致了该船主机出现缸套裂纹。

从该案例可以看出,要防止缸套裂纹,关键在于正常用车和妥善管理。在实际工作过程中,提高管理人员的素质及管理能力,保证备件的质量,能有效提高船舶缸套的使用寿命。

【知识与技能】

本案例涉及的理论知识主要有主机缸套的功用、产生裂纹的主要原因等。在此基础上,应能够分析主机缸套产生裂纹的主要原因,会结合故障现象进行故障排除,掌握主机缸套更换的主要方法,提升船舶主机的维护管理能力。

【素质培育】

训练有素,积极向上。该船虽然出现了主机缸套裂纹,但由于轮机人员训练有素,态度积极,维修过程非常顺利,未造成实质影响。由此可见,我们应该在平时的学习生活中,保持积极向上的态度,科学训练,练就过硬本领,不断增强解决问题的能力。

攻坚克难,认真细致。该案例强调柴油机的缸套更换过程较为复杂,必须认真细致做好每一个步骤。

终身学习,提高能力。要防止主机缸套产生裂纹,关键在于提高自身素质和管理能力,学生们要明白终身学习的重要性,通过不断学习增强自身技能,更好地满足岗位要求,争取作出更大的成绩。

研讨题

1.论述主机气缸套的主要功用。

2.结合本案例,分析归纳主机气缸套裂纹的主要原因。

3.谈一谈如何判断主机缸套是否出现裂纹。

案例 24　主机突发起动失败

【课程模块】起动系统

【案例简介】

某船在港开航时,突然发生主机起动失败,后换向调整角度再起动成功。在起动失败的同时,轮机员听到该船主机 3 号缸有丝丝的漏气声。在抵达外港时,轮机员对主机 3 号缸起动阀进行检查,发现起动阀灵活性好,没有卡死现象;拆下空气分配器检查,也没发现问题;将空气分配器装复后,尝试几次起动,均能够成功。当天晚上,该船轮机员认为主机起动失败属于偶发现象,于是船舶正常开航执行任务。

航行两天后,船舶在某港外抛锚约 4 h 后起锚准备航行,主机却起动不起来。这时值班轮机员发现 3 号缸附近的漏气声比之前更响,通过仔细寻找声源,发现原来是 3 号缸起动阀上的控制空气管有一处接头松动,导致大量漏气,旋紧以后主机运行恢复正常。

【案例分析】

从案例可以看出,对于通过压缩空气起动的主机来说,起动阀是否正常开启是主机能否起动成功的前提条件。该船开航时,由于正巧停车位置位于 3 号缸,空气分配器向 3 号缸供气,当轮机员听到起动阀附近有空气泄漏声时,控制空气管内的压力难以推动起动阀内的起动活塞,因而起动阀无法开启,高压空气无法进入气缸,导致起动失败。后面几次起动成功,是由于转换了角度位置,即 3 号缸已经不在起动位置。

主机 3 号缸控制空气管的接头之所以会松动,除了受柴油机本身的振动影响外,主要原因是 3 号缸曾进行过一次吊缸检修,完成后工作人员没有注意拧紧空气管的接头,主机经过一定时间的运行后,接头受振动影响而松动,直到漏气严重导致主机起动失败,才最终被轮机员发现。

就此案例值得注意的是,凡是经历过拆装的装备,完成装复后均应对管路接头等容易泄漏的部位加强检查,防止接头不紧的现象发生,及时消除相关故障隐患。

【知识与技能】

本案例涉及的理论知识主要有压缩空气起动系统的主要组成和工作原理等。通过分析讨论,应进一步了解压缩空气起动系统的主要组成和工作原理,能够分析排查主机起动失败的故障原因,吸取案例教训,牢记相关注意事项,提升主机维护管理能力。

【素质培育】

认真细致。结合该案例中控制空气管路接头的松动现象,进一步强调认真细致的工作态度的重要性,要加强装备拆装过程中的检查,及时发现故障隐患,如发现问题第一时间予以解决。

探索精神。结合轮机员未能第一时间发现问题原因的情况,鼓励学生要秉持孜孜以求的探索精神,即使是轻微的故障,也要积极查找故障产生的原因,以避免更大的故障发生。做任何事情想要取得成功,探索精神是不可缺少的。

研讨题

1.论述主机压缩空气系统的组成和工作原理。

2.结合本案例,分析归纳如何避免因接头松动引发故障。

3.主机起动失败的常见原因有哪些?

案例 25　主机空气分配器定位键错位

【课程模块】起动系统

【案例简介】

某船主机的空气分配器,其结构部件的配气盖与传动主轴之间采用对称角度键销方式进行连接。在某港内,因主机起动失败,轮机人员遂检查空气分配器,发现一只定位键已不在槽中。当时修理人员认为是拆卸过程中的不小心导致键掉落舱底,于是重新加工了一只定位键再安装上去。然而实际上,拆检过程中定位键并没有掉落舱底,而是进入了空气分配器旋转体的通气孔。

轮机员装复空气分配器后,起动主机时该键受到高压空气的作用从通气孔中冲出,在配气孔与旋转体的通气孔之间受高速气流冲击而折断,断头将分配器的 6 个分配孔划出一道很深的沟槽,导致所有分配孔连通,失去密封性,主机无法起动。

【案例分析】

空气分配器是压缩空气起动系统的重要部件,是按柴油机各缸点火次序和起动正时向各气缸起动阀供给起动控制空气或起动空气的装置。对于新柴油机的空气分配器,分配盖与传动主轴之间的连接键销和槽均为标准尺寸,但是在使用过程中,由于多次拆装检修,键销很容易出现松动。

该故障主要由人为因素引起。轮机员检查空气分配器的思路是正确的,但是在拆下分配器盖的时候不够仔细,导致定位键滑出槽而又没有及时发现。事后,轮机员也没有进一步查明定位键的位置,简单认为其掉落到舱底。由此可见,定位键是否落至船舶舱底,一定要仔细确定,可在舱底借助手电筒进行检查;如在舱底找不到,为保险起见应检查一下空气分配器内的气孔,排除其跌落此处的可能性。

在管理主机的过程中,很多轮机人员认为空气分配器的可靠性高,未能按照说明书的技术要求开展定期检修工作。这是很不可取的,一定要加强空气分配器的检查,确认定位键与槽之间是否配合紧密。拆装后的分配器,如用手指挑动就能落下则不符合要求。定位键要使用标准件,不能使用临时加工或者不符合尺寸要求的零件来代替。

【知识与技能】

本案例涉及的理论知识主要有空气分配器的主要组成和工作原理等。通过分析讨论,应进一步了解空气分配器的主要组成和工作原理,掌握空气分配器定位键的更换方法,牢记相关注意事项;能够举一反三,做好相关检查,确保空气分配器的正常运转。

【素质培育】

系统思维。在案例中,定位键不过是一个小小的零部件,却影响了整个动力系统的运转。学生要理解整体和局部的辩证关系,提高系统思维能力。

一丝不苟。从该案例中的人员疏忽出发,引导学生要杜绝麻痹大意的思想,在工作中养成一丝不苟的工作习惯,严格遵守装备使用管理规定,尽量减少人为因素造成的故障。

责任意识。轮机员应本着对自己岗位高度负责的态度,明白自己肩上沉甸甸的责任,认真做好装备的维护管理工作,为全面建成社会主义现代化强国作出贡献。

制度意识。结合该案例,强调按照维护保养制度进行装备管理的重要性和必要性,要落实技术说明书的要求,不能盲目相信设备质量,不能以信任代替监督。只有遵守规章制度,才能确保装备的安全可靠工作。

研讨题

1.论述主机空气分配器的主要组成和工作原理。

2.谈一谈在空气分配器拆装过程中,如何做好定位键的安装工作。

3.结合本案例,思考如何避免出现此类故障。

案例 26　主机曲轴箱油雾浓度报警

【课程模块】滑油系统

【案例简介】

　　某船采取双机双桨动力装置形式,在执行某次任务航行期间,左主机突然出现油雾浓度探测器报警,油雾浓度探测指示灯在 8~10 格来回跳动。该主机的热力参数,包括冷却水温、主轴承温度、排气温度等,均在正常范围内。左主机停机后,轮机部门迅速组织人员进行报警原因的排查。

　　排查过程如下:首先,排查主机是否存在润滑不良的问题,通过目视检查法检查曲轴箱内部,用温度计检查主轴承温度,均没有发现异常,基本排除润滑不良;其次,排查是否存在脏堵问题,是否更换空气滤芯,并对装置内部进行清洁;最后,再次起动左主机进行试车,测量主机各缸爆发压力,各缸爆发压力比较平均,但主机运行 0.5 h 后,油雾浓度探测器再次报警。

　　此时,轮机人员对曲轴箱的滑油进行取样,发现滑油里含有一定的水分;再次检查油雾浓度探测器的内部,发现有凝水,导致左主机油雾浓度探测器出口的空气含水量大。轮机员判断是因为滑油温度升高,水分蒸发,油雾中携带了较多的水蒸气而触发报警,并非真的油雾浓度超标导致报警。

　　基于以上判断,轮机员打开收集箱旋塞,放出了残余水分,并用压缩空气将其吹干,报警现象消失。

【案例分析】

　　主机曲轴箱油雾浓度报警装置是预防柴油机曲轴箱爆炸的一个重要安保装置。一旦出现报警,必须给予高度重视。通常引发曲轴箱油雾浓度报警的原因有:

　　①电子元件的老化导致性能下降;

　　②油雾浓度探测器本身的灵敏度太高,油雾浓度稍有升高就触发报警;

　　③油雾浓度探测器附近存在大量烟雾或水雾。

　　由上可知,针对主机曲轴箱油雾浓度报警,应当迅速鉴别其是真报警还是误报警。本案例的情况实质上是误报警,并不是因为油雾浓度高,而是因为滑油中水分含量过高。水比滑油更容易蒸发,油雾中携带的水蒸气可能会触发装置引发报警。为了避免类似问题的发生,应当定期检测润滑油中的水分含量。如果发现润滑油水分含量偏高,可利用滑油分离机进行净化处理。

【知识与技能】

本案例涉及的理论知识主要有柴油机曲轴箱油雾浓度报警装置的工作原理、滑油中含水的原因及判断方法等。通过分析讨论,应了解柴油机曲轴箱油雾浓度报警装置的工作原理,掌握滑油含水量的判断方法,分析曲轴箱浓度报警装置报警的原因,能够结合实际提出针对性的解决措施。

【素质培育】

安全意识。油雾浓度探测器是柴油机安全运行的重要保护装置,作为柴油机管理人员,必须要具备足够的安全意识和认真负责的态度,高度重视油雾浓度探测器的维护保养工作。

奉献意识。通过对油雾浓度探测器的维护与检修,可降低油雾浓度探测器出现故障的概率。这一方面可节省用于购买备件的大笔资金,另一方面也可确保柴油机能正常安全运行,取得较好的经济效益和社会效益。结合本案例,进一步激发学生的奉献意识,懂得干好自己本职工作就是为祖国、为社会做贡献的道理。

研讨题

1.柴油机滑油中含有水分会有哪些表现?

2.柴油机曲轴箱油雾浓度报警装置的工作原理是怎样的?

3.通过对本案例的学习讨论,阐述如何处理柴油机曲轴箱油雾浓度报警故障。

案例 27　主机增压器喘振

【课程模块】进气系统

【案例简介】

某船主机功率为 3 352 kW,额定转速为 206 r/min,常用转速为 185 r/min;采用废气涡轮增压,包括1台增压器,另有2台辅助鼓风机。船舶正常航行时,增压器转速一般为18 000~19 000 r/min,增压空气压力在1.8 MPa左右。

该船执行某航次任务期间,从某港开航后主机逐渐加速,途中海况良好。当主机转速加至140 r/min左右时,辅助鼓风机自动停机,增压器的压气机出现喘振,同时伴随增压器转速降低、增压空气压力降低、主机排烟温度升高等现象,主机工作状况很差。

最后,轮机员强制起动辅助鼓风机,主机仅能维持低负荷运行,导致船舶长期处于低速航行状态,严重影响了船舶机动性和任务成功性,并且威胁到了船舶航行安全。

【案例分析】

现代船用柴油机几乎全部采用废气涡轮增压。利用废气能量,不仅柴油机的工作过程可得到改善,燃油消耗下降,经济性提高,而且有害气体排放量也会有效降低。在增压器运转过程中,如果压气机处于严重的不稳定状态,空气流量忽大忽小,压力值剧烈波动,甚至出现气体倒流,同时伴随着压气机叶轮产生剧烈振动,并发出沉重的喘息声或吼叫声,则说明压气机出现喘振现象。增压器发生喘振会使压气机无法正常排出气体,情况严重时更会造成压气机的损坏。

1.喘振机理

喘振是离心式压气机的固有现象,它与离心式压气机的特性有关。离心式压气机在各种不同的工况下工作时,它的各主要参数也会随之变化。在不同转速下,压气机的排出压力P和效率η随空气流量Q进行规律变化,这也是离心式压气机的特性,如图1-2所示。

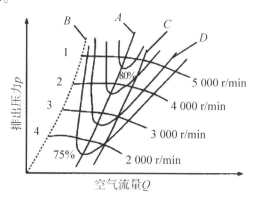

图1-2 离心式压气机的特性曲线

图中横坐标表示空气流量Q,纵坐标表示排出压力p,图中1、2、3、4为等转速线。从图中可以看出,转速越高,曲线位置越高,但曲线的变化特性相似。曲线D为等效率线,近似椭圆形;曲线A为最高效率线。压气机在每一转速的某一流量时有一个最高效率,偏离这个流量,效率就会降低,将各种转速下的最高效率点连接起来即为最高效率曲线 A。

当压气机的流量减少到一定限度时,压气机的工作便开始变得极不稳定,流过压气机的正常气流遭到破坏,发生不正常的气喘和振动。把不同转速下的喘振点连接起来就形成了喘振线 B。喘振线 B 的左方为喘振区,右方为稳定工作区,压气机不允许在喘振区工作。

导致压气机喘振的根本原因就是小流量、高背压。空气进入压气机的速度降低,或增压系统流道堵塞,都会引起流量的减少。而柴油机用气量减少,增压器转速高或压气机后的气流通道堵塞,都会使压气机背压升高。由于设计时已将压气机与柴油机的配合工作特性线选择在远离喘振线,故正常情况下不会发生喘振。但是当工作情况发生变化后,压气机配合工作特性线会发生移动,若部分或全部进入喘振区,则会发生喘振。

2.喘振原因

(1)气流通道堵塞

增压系统流道堵塞是引起增压器喘振最常见的原因。柴油机运行时,若进气流动路线中任一环节发生堵塞,如脏污、积碳、变形等,都会因流阻增大使压气机背压升高,流量减少,引起喘振。其中容易脏污的部件是压气机进口滤器、压气机叶轮和扩压器、空气冷却器、柴油机扫气口和排气口(阀)、废气涡轮喷嘴环、废气涡轮叶轮。

(2)柴油机在低转速高负荷下运行

当柴油机发生故障或船舶满载、顶风、污底使外负荷增大时,柴油机转速下降,此时调速器自动增加供油量,使柴油机在低转速、高负荷的状态下运行。由于供油量增多,废气能量增大,必然导致增压器转速提高,压气机排气量和排出压力升高。而此时柴油机转速低,耗气量少,使增压器供气与柴油机耗气之间的供需平衡被打破。压气机背压升高,流量减少,从而引起喘振。

(3)运行中的暂时失配

柴油机运动部件质量大,当供油量增加时,转速上升慢;供油量减少时,转速下降快。增压器转子质量小,当废气能量加大时,转速上升快;废气能量减小时,转速下降慢。因此,如果柴油机在高转速状态下大幅度降速,或在低转速状态下大幅度增速,或在大风浪中航行发生飞车,都会使增压器与柴油机之间的供需平衡暂时被打破,导致压气机背压升高、流量减少而发生喘振。

(4)环境温度的变化

未配置空冷器的增压柴油机航行于高温海域时,或在高温航区匹配的配有空冷器的增压柴油机航行于低温海域时,由于两者的匹配关系发生变化,运行点容易靠近喘振区,引起喘振。

结合本案例的实际情况可知,该船主机增压器发生喘振的最大可能为第 1 条原因。因海况良好,柴油机尚处于缓慢加速过程中,因此可排除第 2、3、4 条原因导致的喘振。排查重点应放在气流通道堵塞上,分析排查过程如下:首先,考虑到压气机的进口滤网刚清洗完不久,可以排除进口部位的堵塞;其次,停泊后轮机人员清洗了空气冷却器,也没有解决喘振问题;最后,轮机人员将增压器解体检修,在废气涡轮喷嘴环的叶片上发现了一层厚度约 3 mm 的淡黄色硬垢,初步判断喘振为喷嘴环叶片结硬垢所致。

轮机人员迅速清除污垢,将增压器装复后试车,喘振现象消失,主机工作状态正常,在后续航行中也没有出现喘振现象。由此判断,该船主机增压器喘振现象是由喷嘴环叶片处结垢引起的。结垢导致喷嘴通流面积减小,流动阻力增大,压气机流量不足,背压升高,最终引起喘振。

3.结垢分析

进一步分析废气涡轮喷嘴环叶片结垢的原因,主要是主机使用的燃油中含有一定的硫分,在燃烧情况下产生硫氧化物,与主机排气中的碳氢化合物作用后形成硬垢。该船执行任务频次多,经常需要变换速度航行,因此主机的负荷变化大,尤其是低负荷运行时间较长,燃烧不充分,形成积碳。船员应当根据主机用车实际调整保养周期,如低负荷用车时间较长,则适当缩短增压器的维护保养时间间隔。

【知识与技能】

本案例涉及的理论知识主要有柴油机涡轮增压器的工作原理、增压器的喘振机理及常见原因等。通过学习讨论柴油机涡轮增压器的工作原理和增压器发生喘振的机理,应掌握辨别增压器喘振形成原因的分析方法,能够结合实际提出增压器的使用管理注意事项。

【素质培育】

适应能力。结合案例,强调柴油机涡轮增压器的正常运行与外界条件紧密相关,学生要学会随机应变,根据外界条件的变化不断调整自身,做到与时俱进,提升适应能力。

实践是检验真理的唯一标准。在装备使用管理过程中,维护保养周期的设定不能盲目相信技术说明书的数据,要依据船舶的实际用车情况进行灵活的调整和处理。

研讨题

1.柴油机涡轮增压器的工作原理是怎样的？

2.分析柴油机涡轮增压器的喘振机理。

3.结合本案例,谈一谈如何避免船舶主机涡轮增压器出现喘振现象。

案例 28　主机燃油共轨压力低值报警

【课程模块】燃油系统

【案例简介】

某船主动力系统配置了 2 台主机,每台主机设有 2 台高压油泵,由主机凸轮轴进行驱动。高压油泵产生的高压油供给 3 个相互串联的蓄能器(共轨单元),每个蓄能器 2 端各有 1 个喷油电磁阀组,控制相应 2 个气缸的供油至喷油器。高压油泵的出口油压和电磁阀组的开关都由喷射控制单元内 2 块交替使用的喷射模块控制。

该船在某次训练期间,右主机突然出现燃油共轨压力低值报警。通过查看集控台的操作控制屏,轮机员发现燃油进机管路的压力不足,高压油泵进油阀已无法打开(燃油进机管路压力保持稳定,不再波动),高压油泵不能出油,导致 2 台高压油泵只有 1 台能正常工作。

轮机员决定解体高压油泵以进行检查,发现该高压油泵柱塞偶件和出油阀偶件均严重磨损,无法使用,于是更换新的柱塞偶件总成及出油阀,并清洁相关燃油管路。待一切完成后试车,2 台主机燃油共轨压力均恢复正常。

【案例分析】

该船燃油系统出现故障,直接表现为燃油共轨压力低值报警。通过检查,发现其中 1 台高压油泵失效,将该台高压油泵解体后,进一步发现高压油泵柱塞偶件和出油阀偶件损坏。

发生该故障的原因主要有：

（1）油品方面的因素

在本次故障之前，该船使用的 0 号柴油为裂化柴油，含有某种硬质颗粒，对高压油泵的精密偶件造成很大的影响。本船高压油泵柱塞偶件检查周期为 10 000 ~ 12 000 h，而出现此次故障时，主机高压油泵的工作周期约 5 500 h。

（2）环境方面的因素

该船的训练区域为南方海域，环境温度较高，比常态航行区域高了 4 ~ 5 ℃。由于温度的影响，柴油的黏度减小，加剧了精密偶件的磨损。

（3）设备方面的因素

高压油泵柱塞偶件在出现磨损的情况下，持续工作会导致磨损不断加剧，形成恶性循环。

导致该故障产生的关键因素为主机使用燃油的品质较差。因此，要注意添加符合主机技术说明书中规定的燃油，同时核查燃油的品质，要求加油厂商提供燃油品质检验证明。如果发现燃油品质不好，应该缩短高压泵的维护周期。

【知识与技能】

本案例涉及的理论知识主要有高压共轨系统的工作原理、高压油泵的结构原理等。通过学习讨论，应了解柴油机高压共轨燃油系统的工作原理，进一步掌握高压油泵的结构原理，能够结合高压油泵的结构原理分析排查精密偶件产生故障的原因，重视燃油品质对高压油泵工作的影响，提高对主机的维护管理能力。

【素质培育】

精益求精、追求卓越的工匠精神。高压油泵的柱塞和出油阀均为精密偶件，具有高精度、高配合度的特点，它们不仅是技术产品，更是一种精神象征。学生要坚持对精度和品质的追求，践行工匠精神，不断挑战自我、提高自我，实现更高的人生目标。

社会责任感。结合精密偶件的安全性和可靠性，引导学生不仅要关注技术的创新和进步，更要关注技术本身对社会和环境的影响，为社会可持续发展作出贡献，努力成为具有社会责任感和创新精神的高素质人才。

研讨题

1.论述主机高压共轨燃油系统的组成和工作原理。
2.如何做好精密偶件的维护保养工作?
3.如何做好主机燃油的选择和使用?

案例 29　主机单缸排温偏高

【课程模块】燃油系统

【案例简介】

某船使用了 2 台 16 缸 V 型主机。在执行某任务航次期间,左主机 A2 缸出现了排气温度报警。在此次报警之前,该缸排温一直比其他缸要高,但由于未到报警值,未引起船员的重视。直到此次报警,船员才开始排查原因。

单缸排温偏高,意味着燃烧不良。船员首先检查了 A2 缸的气阀间隙,未发现异常;然后检查该缸的喷油情况,将 A2 缸的喷油器拆下来进行泵压试验,发现喷油器针阀滴油严重,这就是引起单缸温度偏高的主要原因。船员遂解体喷油器,更换上新的针阀偶件,再次进行泵压试验,调整启喷压力达到规定值。全部装复起动主机后,监控系统显示气缸排温恢复正常。

【案例分析】

该船主机单缸气温偏高,主要是燃烧出现了问题,通常可以理解为气缸内油多气少,出现不完全燃烧,使得排温升高。因此可从空气和供油两个方面来进行分析。

(1)空气方面

由于本次故障仅有单缸排温偏高,因此进、排气管出现不畅通的可能性不大,可能是 A2 缸的气阀间隙不符合标准。如果气阀间隙偏大,气阀开度就会偏小,导致进气量不足或者排气不顺畅以致排气温度偏高。

（2）供油方面

供油方面出现问题可能的表现有喷油定时不准导致提前喷油、喷油器雾化不良、喷油器滴油等。

船员经过排查确认气阀间隙是正常的，那么导致问题产生的最大可能性就出现在喷油器身上，通过拆下喷油器并进行压力试验，证实故障源头为喷油器滴油。

主机的喷油器在长时间工作后，由于弹簧变形，启喷压力有所降低，或者针阀偶件的密封性变差，使喷油雾化质量恶化产生滴油现象，造成燃烧不良、排气冒黑烟、排气温度上升、耗油量增加等。

对喷油器的维护保养手段主要有：每工作 100 h 后必须要抽测 3~5 只喷油器，检查其雾化质量和零件的磨损情况，进行清洁并做好记录；该型主机喷油器启喷压力为 30±2 MPa，喷油器工作时应 9 个孔同时喷雾，且喷油干脆利落，没有滴油和渗漏现象，否则应检查针阀偶件的密封性。

【知识与技能】

本案例涉及的理论知识主要有喷油器的结构原理、喷油器的压力雾化试验方法等。通过学习讨论，应进一步了解喷油器的结构原理，掌握喷油器的拆装和雾化试验方法，能够分析主机排气温度过高的故障原因，提升主机喷油器的维护保养技能。

【素质培育】

实事求是、追求真理。解决喷油器雾化不良，需要有严谨的科学态度，应按照说明书的要求认真维护、检查，遵循科学规律，以事实为依据，不断验证和优化。

团队协作。船舶机电设备的故障处理需要船员相互协作、集思广益，找到最佳的解决办法。学生也要有集体合作意识、不断提高协作能力。

创新思维。对于技术难题，要敢于尝试新的方法和技术进行分析研究，能够突破传统思维模式和依赖心理，更好地服务于行业发展。

研讨题

1.论述主机喷油器的结构组成和工作原理。

2.谈一谈如何做好主机喷油器的维护保养工作。

3.导致主机单缸排气温度偏高的原因有哪些？

案例 30　主机单缸排温偏低

【课程模块】燃油系统

【案例简介】

　　某船航行期间主机出现了 B5 缸排气温度严重偏低的现象,在此之前,该缸曾持续一段时间排温偏低。在本次航程期间,温度偏低的现象进一步加剧,于是管理人员开始查找原因。

　　单缸排温严重偏低,意味着进入气缸的燃油不足,燃烧出现异常。船员一开始认为是喷油器出现了问题,将 B5 缸喷油器拆下检测,发现喷油正常,雾化也没有问题;后又怀疑测量排气温度的传感器出现了故障,拆下传感器检测也未发现异常。确认喷油器和传感器没有问题之后,问题源头锁定在单缸喷油泵上。船员从机体上拆下高压油泵进行检查,发现底部有少量油漏出,拆装后取出柱塞偶件,发现配合间隙明显增大、密封不良、燃油外泄,不能形成高压。至此,原因已经查明。

　　更换柱塞偶件后,船员将高压油泵装回,装复后起动主机,监控系统显示气缸排温恢复正常。

【案例分析】

　　该船主机单缸气温出现严重偏低,主要还是进入气缸的燃油过少,燃烧发出的热量不足导致的。主机单缸出现排温偏低,可能的原因有:排温传感器测数不准确;喷油器不喷油或有滴油现象;高压油泵油压不足,燃油无法进入喷油器;供油凸轮表面有磨损缺陷或松脱。

　　因此,该故障分析的重点是在供油方面,也可先排除传感器本身原因,总体上船员排查故障的思路是正确的。供油方面的主要部件有喷油器、喷油泵以及驱动高压油泵的供油凸轮等,可以分别对其进行排查。

　　船员经过排查,确认问题出现在高压油泵的柱塞偶件上。主要原因是高压油泵的柱塞偶件在长时间工作后产生磨损,从而出现密封不良、漏油等现象,引起同一负荷条件下齿条格数增加。

　　当柴油机运转时,如发现某缸高压油泵的齿条不能拉动,在停车后应检查柱塞偶件是否咬住、是否断裂。排温异常时应及时查明原因,不能简单地认为是传感器误报警。供油凸轮断裂松脱时,可拆掉并更换成备件,紧急情况下可对该缸进行封缸处理,但必须拆掉凸轮并清理损坏的部件,防止损坏凸轮箱内的其他部件。

【知识与技能】

本案例涉及的理论知识主要有柴油机供油系统的主要组成及原理、喷油泵的结构原理、喷油泵柱塞偶件的功用等。通过学习讨论,应进一步了解柴油机喷油泵的结构原理,掌握喷油泵中精密偶件的拆卸与维护方法,能够分析主机排气温度偏低的故障原因,并找到解决方法。

【素质培育】

求真务实。高压油泵中有柱塞偶件和出油阀偶件,两者均为精密偶件,具有高度的配合精度和互换性,是确保柴油机高效稳定运行的关键。作为机舱人员,需要有求真务实的精神,坚持实事求是、追求真理,确保设备的正常稳定工作。

安全责任意识。柴油机的安全运转和及时维护是非常重要的,确保设备正常运行是每一位船员的责任。排温异常可能带来严重后果,要有安全意识和责任意识。

严谨细致,积极进取。结合该案例的故障排除,让学生认识到认真对待每一个细节的重要性,不能想当然,把故障看得过于简单,要严格按照可能导致故障的因素逐一确认排查;要培养学生不断学习和不断进取的精神,以适应船上相对艰苦的工作环境和较高的技术要求。

研讨题

1.论述主机喷油泵的结构组成和工作原理。

2.如何做好柴油机喷油泵精密偶件的检查和维护工作?

3.导致主机单缸排气温度偏低的原因有哪些?

案例 31　副机滑油过滤器进出口管接反

【课程模块】滑油系统

【案例简介】

某艇副机进厂修理,完成后进行试车。副机起动后,发现没有滑油压力,调整滑油单向阀也没有效果。船员将副机转速增至 1 500 r/min,仍然没有滑油压力,立即停机开始检查。

经检查,发现滑油过滤器的进油管和出油管接反,使主油路没有滑油。该事故造成主机连杆轴瓦烧坏,活塞缸套拉毛。

【案例分析】

本案例是典型的人为疏忽造成的装备损坏事故。

该滑油过滤器为单向精滤器,一旦接反,滑油将被过滤器阻挡,无法进入主机主油路进行润滑,造成主机运动机件的干摩擦,使主机损坏。因此,我们应当注意:

(1)加强各部件安装的检查

机器检修后,在试车前应检查各部件安装是否正确,特别要注意各管系连接是否正确。

(2)高度重视滑油压力

当副机起动后没有滑油压力时,若调整单向阀无效,应立即停机排查原因,绝对不能再进行加速,否则会导致事故扩大。

(3)拆装部件要做好标记

在拆卸部件和管系时,要注意做好标记,以免装错。特别是有的部件接头规格一致,如不做标记很容易接错,而且肉眼看不出来,为事故发生埋下隐患。

【知识与技能】

通过对本案例的学习讨论,应了解机器起动前做好检查的重要性,掌握拆装过程中主要部件做好标记的方法,进一步提升分析柴油机滑油压力不正常缘由的能力;能够认真吸取事故教训,养成良好的装备拆装习惯,提高对副机的维护管理能力。

【素质培育】

仔细检查。通过对该案例的分析，引导学生在平时学习和工作过程中养成仔细检查的良好习惯，秉持对集体负责、对个人负责的态度，扎实抓好装备的维护管理工作。

责任意识。装备的良好运行跟每个人的责任意识息息相关，在装备维护管理中，要始终保持高度的责任感，坚决防止人为疏忽造成的事故发生。

研讨题

1.柴油机滑油系统过滤器的结构形式有哪些？
2.柴油机滑油压力偏低的原因有哪些？
3.通过对本案例的学习讨论，分析如何避免接错设备。

案例32　某船发电柴油机滑油压力缓慢下降

【课程模块】滑油系统

【案例简介】

某船在任务航行期间，发现1号发电柴油机的滑油压力有所降低。值班员发现之后立即报告，轮机长要求加强观察。此后该机滑油压力一直处于缓慢下降的状态，其他参数均处于正常范围。

轮机长果断要求停机检查。一开始，大家都怀疑滑油泵或者管路系统出了问题，因为滑油压力的建立与滑油泵直接相关。船员排查了管路系统，并未发现任何异常；将滑油泵拆开检查，也没有发现其部件结构存在问题。后来，轮机长要求对滑油质量进行检查。经取样，发现滑油有明显的柴油味，经与新的滑油进行黏度对比，发现取样滑油黏度明显较小。由此可以断定，滑油压力的降低是曲轴箱内的滑油中混入柴油导致的。

【案例分析】

本案例是一起较为典型的柴油机管理事故案例。在主机工作过程中,滑油中混入柴油是值得关注的。因为柴油的黏度相对滑油而言明显偏小,会使滑油黏度下降,滑油压力容易不足,影响柴油机的运转安全。

该案例中,船员确定了滑油压力缓慢下降是由于混入了柴油,那么就必须及时查找柴油的泄漏源,这一般需要对高压油路进行排查。船员在检查燃油系统高压管路时发现,4号缸有一根高压油管处于持续的滴漏状态,导致柴油缓慢进入滑油系统。

船员更换了新的高压油管,并同时将旧滑油抽出,注入新的滑油,然后起动柴油机,发现滑油压力恢复正常并在后续工作过程中一直保持稳定,滑油压力缓慢下降的故障排除。

【知识与技能】

通过对本案例的学习讨论,应了解滑油系统的重要性,掌握滑油取样方法以及简易的质量判别方法;在柴油机管理过程中能够密切关注滑油压力,养成良好的装备管理意识,提高对副机的维护管理能力。

【素质培育】

认真观察。该案例中,值班员表现良好,能够认真观察,及时发现滑油压力下降并报告,体现了其认真负责的工作态度,值得肯定和学习。

责任意识。通过分析柴油进入滑油中的严重后果,让学生认识到在船舶柴油机管理过程中,必须具备高度的责任意识。任何一个微小的失误都可能导致柴油机出现严重的故障,要树立责任意识,对装备的安全负责。

果断决策。该案例中,轮机长面对情况能够果断决策,最终顺利查出故障原因,避免了更大的损失。这种果断决策的能力在很多场合下都是非常重要的,果断的人往往能够抓住机会,达成有利的结果。

研讨题

    1.从工作环境和使用条件的角度来看,有哪些因素可能增加柴油混入滑油的风险?

    2.柴油机滑油压力缓慢下降的原因有哪些?

    3.在柴油机的日常维护管理过程中,有哪些操作可能导致柴油混入滑油系统中? 应采取哪些措施予以防范?

第二章　船舶推进装置

案例 1　船舶倒车导致主机熄火

【课程模块】船桨机的配合

【案例简介】

某型艇采用了四机四桨配置。某日,该型艇在海上高速航行,因前方出现情况,该艇需要进行倒航,并计划利用螺旋桨反转产生的拉力达到快速制动的目的,缩短倒航时间。

在实际操作时,该艇第 1 台推到倒车位置的主机出现了熄火现象,后面 3 台主机运转正常。熄火的主机重新起动后,再次倒车正常,最终该艇成功实现倒航的预期目标,避免了碰撞。

事后,该艇对主机熄火问题进行了总结,并找出了如何避免主机熄火的办法。

【案例分析】

需要紧急倒航是船舶航行时经常会遇到的情况,作为轮机管理人员,应该掌握合理的倒车时机,避免操作不当导致主机熄火停机或者倒航时间过长影响船舶机动性。

在一般情况下,船舶倒航的操作顺序为:

①在接到倒车指令后,先将主机置于空车位。

②在空车位停留一段时间,待船舶航速明显下降之后,切换到倒车位置。

③待航速又有一定的降低之后,再反向加速。

对于采取程序控制的主动力装置,在接到倒车指令后,操作人员直接切换到倒车位置即可,以上步骤由程序控制自动完成。

案例中的第 1 台主机熄火,是因为在空车位停留的时间不够,船舶由于惯性影响仍然具有较高的航速,如果这时置于倒车位置,螺旋桨反转时产生的阻力矩将大于柴油机输出的转矩,导致主机熄火。后面推入倒车位置正常是由于间隔一段时间后,船舶的航速又有一定程度的下降,螺旋桨反转的阻力矩小于柴油机输出的转矩,因此没有出现熄火现象。

该案例的核心问题在于倒车时机的选择。如何选择合理的倒车时机,避免主机熄火是值得思考和研究的问题。由于每艘船舶的主机型号不一样,在空车位置停留的时间也会不完全一致。最合理的办法还是经验法,通过实际操作进行时间估算,既要保证主机不熄火,也要确保倒车时间不会太长。

【知识与技能】

本案例涉及的理论知识包括船舶主动力装置的传动形式、船舶动力的传递模型等。在了解理论知识的基础上,应通过转矩-转速图分析船舶由正车到倒车的过程,进一步理解螺旋桨的工作过程和船舶倒车原理,掌握各种不同传动形式下船舶倒车的操作方法和注意事项。

【素质培育】

欲速则不达。在这个案例中,主机熄火是倒车时机选择不合理导致的。结合该现象,引导学生在处理事情时不应过于急躁,应该保持耐心与冷静,不要急于求成。有时候,过于急切的操作,可能会因为缺乏必要的准备或者考虑不够周全而出现错误。在追求效率的同时,也应该考虑到事物的复杂性和限制性,避免片面追求速度而导致失败。

研讨题

1.为什么会出现第 1 台主机熄火,而后面 3 台主机运转正常的现象?

2.舰艇由正车到倒车的过程中,螺旋桨的工作过程是怎样的?试通过转矩-转速图进行分析。

3.对于不同传动形式的舰艇主动力装置,如何进行合理的倒车?

案例2　船舶执行拖带任务

【课程模块】船桨机的配合

【案例简介】

某型艇为4机4桨配置,螺旋桨为定距桨。某日该艇接到上级通知,协助处理一起海上非法打捞案件。该艇到达事发海域时,违法嫌疑船只已经失去动力,无法行驶。经过研究、评估,该艇决定通过拖带方式强制带回该船。

根据所学知识试分析该案例,讨论该艇应采取哪些措施以确保安全拖带。

【案例分析】

船舶执行拖带任务是日常中经常会遇到的情况之一。广义上的拖带,被拖对象除船舶之外,还可以是海上其他浮动物体,或协助他船靠岸、离岸、移泊、掉头等。这要求船舶人员在决定拖带之前,应该充分研究、评估拖带的可行性。

评估时,应当查验被拖船的设计说明书,详细了解被拖船的结构参数、动力配置等,了解拖带船的阻力大小以及对船舶航行的影响;要防止拖带可能引起的不良后果,综合考虑港口、航道、船舶流量等各方面情况,对拖带长度、宽度、功率和最低航速作出科学合理的规划。

在拖带过程中,由于阻力增大,轮机员要严密注意船舶主机的工作情况,以防止主机超负荷。为了不让主机发生超负荷现象,一般需要事先确定船舶主机的最高转速。确定的办法如下:首先将主机加速到系泊工况下的最高运转速度,然后观察主机的工作状态参数,如油水温度、排烟颜色等;如未超负荷,则可继续加速,直到接近主机额定负荷速度特性线为止。此时的转速为拖带工况下主机的最高运行速度。

在拖带工况下,管理工作应注意以下几点:

①控制主机转速,防止主机超负荷工作。通常,主机在低转速时拖带能力较大(因为此时剩余功率大),转速越高,拖带能力越小,主机在高转速下拖带往往容易超负荷。拖带时,轮机员应严格按规定的要求执行相关操作。

②主机的拖带工况属于低速大负荷工况。

此工况不利于主机的可靠工作,因为此时主机的机械负荷和热负荷都比较大,在管理中应保证滑油有正常的温度和压力,还应适当提高冷却水温度以减小机件的热应力。

③保证拖带拖索的强度和长度。拖索过长则垂入水中容易被螺旋桨缠住,而过短则由于两船起伏摇摆不一致,会出现冲击载荷,易将拖索拉断,故一般以拖索垂于水面为宜。

④防止拖翻被拖船。拖索一般系在甲板上,拖力的作用点高于被拖船的重心,而拖力又可分为横向分力和纵向分力,其横向分力对舰艇构成一个倾覆力矩,会影响被拖船的稳定。特别是在船舶转向时,横向拉力使得倾覆力矩增大,若不减速航行,容易将被拖船只拖翻。

⑤被拖船的艉轴如果没有刹住,则应经常检查被拖船艉管轴承、中间支点轴承及齿轮箱的润滑和发热情况。

【知识与技能】

本案例涉及的理论知识包括船舶拖带的概念、船舶阻力的概念和分类、柴油机的负荷特性等。在了解理论知识的基础上,应能够科学评估拖带的可行性,会确定拖带工况下主机的最高转速,掌握拖带工况下船舶操作和主机管理的注意事项。

【素质培育】

认真准备,科学决策。在执行拖带任务前,应当进行评估,认真准备,科学决策,确保拖带过程的安全。所谓"凡事预则立,不预则废",在处理事情时,不应过于草率和急躁,应该做好充分的准备。尤其是涉及安全的事项,更不能急于求成,没有预先的准备便匆忙上马。在这个案例中,事前评估拖带的可行性就是做好预先的准备,这样才能确保拖带的顺利完成。

研讨题

1.列举几个需要执行拖带任务的场景。

2.如何研究、评估船舶拖带的可行性?

3.船舶在执行拖带任务时,如何确保主机不超负荷?

4.船舶在执行拖带任务时,管理工作方面应该注意哪些问题?

案例3　舵机失灵后的船舶转向操作

【课程模块】船舶动力装置破损后的应急处置

【案例简介】

某型船舶采用4机双桨配置,螺旋桨为可调螺距桨。在执行完某项任务返航过程中,船舶于近海突然出现舵机故障报警,驾驶台发现摆舵失灵,舵角指示针不动,启用人力应急舵也无效。

该船立即向上级进行报告,并启动重大故障应急处置预案:一方面迅速组织人员查找舵机失灵的原因,另一方面利用螺旋桨工作状态切换来实现换向。最终该船顺利实现返航,确保了人员和船舶安全。

【案例分析】

由于舵机是掌控船舶航向的重要安全设备,因此舵机失灵属于船舶的重大故障。舵机完全失灵是非常危险的,必须千方百计地恢复舵机的正常运转。在紧急情况下,为了船舶的安全,可以临时通过螺旋桨工作状态的切换来实现船舶的换向。

通过螺旋桨工作状态的切换实现换向,涉及主机的用车状态变化,一定要严密注意主机的工作情况。这种操作方法需要管理人员沉着冷静,充分与轮机部门人员保持沟通、密切配合,以实现对船舶方向的控制。

在舵机完全失灵的情况下,船舶转向的操作方法为:

①停掉一侧的螺旋桨,保留另外一侧的螺旋桨工作。比如船舶左转向,可以保留右侧的螺旋桨工作。此时,由于只有部分主机工作,为了确保工作的主机不超负荷,船舶应当降低航速。

②一侧的螺旋桨正车,另一侧的螺旋桨反转,形成错车工况。但此时应密切注意主机的工作状态,尤其是带动内侧螺旋桨的主机,因为它的工作负荷更大,更容易超负荷。

③调节螺旋桨的螺距,即一侧螺旋桨为正螺距,另一侧螺旋桨为负螺距。同样,此时应密切注意主机的工作状态,尤其是带动负螺距螺旋桨的主机,因为它的工作负荷更大,更容易超负荷。

【知识与技能】

本案例涉及的理论知识包括船舶主动力装置的传动形式、液压舵机的基础知识,调距桨的基本知识,错车工况的特点等。在了解理论知识的基础上,应通过分析舵机失灵的原因,以及舵机失灵后的应急转向方法,进一步掌握舵机失灵情况下的船舶转向操作措施、舵机失灵情况下的船舶转向操作方法;通过对典型的错车工况展开研讨,掌握错车工况下主机的管理要点。

【素质培育】

沉着冷静,密切配合。舵机是操控船舶航向的重要安全设备,舵机完全失灵是非常危险的,必须学会在舵机失灵的情况下,对船舶进行应急处置与管理。通过螺旋桨工作状态的切换来实现换向,需要管理人员始终保持沉着冷静,千万不能慌乱。作为机电管理人员,应当密切配合船舶驾驶人员,正确操作动力装置,力争圆满完成任务。

研讨题

1.导致舵机失灵的原因有哪些?

2.在舵机完全失灵的情况下,可以采取哪些措施进行船舶转向?

3.使用错车工况转向时,如何管理主机?

案例4 螺旋桨腐蚀磨损引起轴系振动

【课程模块】 推进器

【案例简介】

某型艇采用双机双桨推进,随着服役时间不断增长,左侧螺旋桨轴系振动现象日趋明显。轮机管理人员最初怀疑振动是由后传动设备松动或配合间隙不当引起的,多次组织人员对相关轴承和联轴器的装配问题进行检修。

多次检修后,主机起动运行时轴系振动依然存在,转速较高时甚至引起了船体的剧烈振动且极有可能造成轴系和船体损坏。轮机管理人员意识到,检修轴系无法彻底解决该问题,于是将该现象产生的源头锁定为螺旋桨,后经上排检修发现,螺旋桨各桨叶均有不同程度的腐蚀、磨损、变形等情况。

【案例分析】

随着船艇服役年限的增加,单桨轴系表现出明显振动时,极有可能是传动设备出现了故障。轮机长组织人员首先检修轴承、联轴器装配安全问题的思路非常正确。但在对相关设备进行检修后,轴系振动问题并未得到明显解决,高速时甚至带动船体剧烈振动,这种现象很有可能是螺旋桨引起的,轮机管理人员进行了判定并得到验证。

螺旋桨经过长时间的运转,各桨均有不同程度的腐蚀、磨损、变形情况,各桨叶的尺寸和质量也会产生不同程度的变化,进而影响螺旋桨的平衡性。当螺旋桨回转时,桨叶的质量不平衡会产生离心力和不平衡力矩,使桨失去平衡,造成轴系和船体的剧烈振动和损坏。因此仅检修轴系,无法修复故障。

解决的措施要点:

①检查桨叶表面的缺陷情况,对桨叶表面的缺陷进行分区。

②对照缺陷位置和尺寸、相关经验准则,确定桨叶各区域分布缺陷是否可修复,不可修复时需换新。

③可修复时采用焊补、胶黏剂涂补或金属喷涂等方法修复,使桨叶表面平整光顺。

④对螺旋桨进行螺距检查和静平衡试验。

⑤装配新螺旋桨(或修复后螺旋桨)起动试运转,检查振动情况。

【知识与技能】

本案例涉及的理论知识主要有螺旋桨理论知识和振动学基本知识,技能学习过程涵盖螺旋桨桨叶缺陷处理工艺、螺旋桨螺距检验、静平衡试验等。在了解理论知识的基础上,应学会分析轴系振动的原因,掌握螺旋桨缺陷的修复工艺,增强主动力装置的使用管理能力。

【素质培育】

全面分析,抓住重点。通过对该案例的学习讨论,引导学生从各个方面分析轴系振动的原因,增强全面分析的能力,同时引导学生首先从发生故障概率最高的地方入手,分清楚主要矛盾和次要矛盾,加强抓住重点、抓住要害和精准分析的能力,从而提升个人的综合素质。

研讨题

1.哪些问题会引起"间断的、有规律的机械摩擦声"？怎样确定声源？

2.什么因素会导致螺旋桨不平衡运转？螺旋桨的不平衡运转会带来哪些危害？

3.桨叶表面的缺陷分布区域如何划分？不同缺陷可采用什么修复工艺？

案例5 "船-机-推进器" 匹配缺陷

【课程模块】船桨机的配合

【案例简介】

某小型快艇拟采用主机带动喷水推进器的推进方式运行,目的是提高航速。试验人员将所购置的喷水推进器装船进行试验,发现船舶最大航速较低,不能达到设计航速。起初试验人员发现船底较脏,认为可能是船舶污底的原因,对船底进行了清污处理;船底清污处理后,起动主机试航时发现船舶航速相比以前有所提高,但仍然达不到设计航速;在此基础上进一步对主机进行监测,发现额定转速下主机功率未被充分利用,达不到额定功率。于是,试验人员判定这是"船-机-推进器"匹配缺陷所引起的问题。

【案例分析】

喷水推进器具有速度高(25 kn以上)、推进效率高、不易空化等优点,近年来在各种小型快艇上逐步得到应用。由于喷水推进器抗空化性能较好,暂时排除推进器空化失速的可能性。

在国内,喷水推进器研制技术水平相对落后,购置的外国成品在不同船舶上使用时极易出现匹配缺陷问题,于是判定存在"船-机-推进器"匹配缺陷的想法完全正确。

船底脏污会增加船体摩擦阻力,影响航速,对船底进行清污能适当提高船舶航速。但清污后仍然达不到设计航速,对主机进行监控时发现主机在额定转速下达不到额定功率,则表明主机出现轻载现象,所购置的喷水推进器在该船应用时负载偏小。

解决的措施要点:

①对所购置喷水推进器进行水力性能测试,为缩短时间、节约成本,此处可优选 CFD 方法,通过结果分析可确认该问题是否能通过更换可拆卸做功部件(叶轮)解决。

②匹配缺陷较大时,只能整体更换喷水推进器;缺陷较小时,可以在保持主体尺寸不变的前提下对叶轮进行三维加载设计。

③将新设计叶轮应用于喷水推进器并进行水力性能测试,调试并实现主机与喷水推进器的工况匹配。

④联系厂家完成新叶轮的加工和替换,进行实船试航,检查是否可以达到设计航速。

【知识与技能】

本案例涉及简要的"船–机–推进器"匹配知识和一定的喷水推进器设计及性能知识。在了解理论知识的基础上,应掌握喷水推进器的结构原理和特点,学会分析船舶达不到设计航速的原因,掌握"船–机–推进器"匹配缺陷的解决方法。

【素质培育】

团队协作,配合恰当。通过对该案例的学习讨论,引导学生明白团队协作的重要性,只有配合恰当,团队才能发挥出更好的效应。多个人或事物互相配合好,多方的能力和作用才更能显示出来。

研讨题

1.喷水推进器的结构原理和特点是什么?

2.从推进器的角度出发,谈一谈船舶达不到设计航速的原因,并分析本案例属于哪一类。

案例 6　典型联合动力推进装置

【课程模块】动力装置概述

【案例简介】

　　南非 MEKO-A200 SAN 轻型护卫舰属于英勇级护卫舰,满载排水量为 3 680 t,长度为 121 m,宽度为 16.34 m,型深为 9.7 m,船员编配为 124 人。

　　该舰采用新型联合动力装置推进方式,包括如下配置:2 台 MTU16V1163TB93 柴油机通过 1 套联合变速齿轮箱驱动双轴五叶片可调距螺旋桨;1 台 GE 公司的 LM2500 燃气轮机通过减速齿轮箱驱动 1 台装在船尾中央的 LJ210E 喷水推进器,并以双舵面来控制航向。两种推进器完全独立,可同时运转或单独工作,彼此间相互不影响。同时使用燃气轮机驱动喷水推进器和 2 台柴油机驱动双轴推进器时,航速能达到 30 kn;使用 2 台柴油机驱动双轴推进器时,航速能达到 23 kn;仅使用 1 台柴油机驱动双轴推动器时,航速能达到 18 kn。在 16 kn 的巡航速度下,该舰续航高达 7 500 n mile,足以在南非海岸线上独立执行任务。

　　综合来讲,该舰采用了柴油机调距桨巡航和燃气轮机喷泵联合工作的新型动力装置,拥有经济模式、机动模式、联合动力模式和燃气轮机模式四种推进模式。

【案例分析】

　　该舰所采用的推进装置,既可由不同的发动机联合,也可单独使用不同的推进器。其主要特点是:

　　(1)航速较高

　　在燃气轮机和柴油机联合驱动模式下,燃气轮机高速旋转驱动喷水推进泵,可使该舰最大航速达到 30 kn。

　　(2)经济性好

　　该舰可以在使用 1 台柴油机通过变速齿轮箱驱动双轴推进器的情况下,使该舰达到巡航速度,节省油料的消耗,提高续航力。2 台柴油机可交替使用,延长了柴油机的使用寿命,提高了动力装置的可靠性。该舰也可使用双机模式,充分发挥出柴油机的性能。

　　(3)机动性好

　　该舰通过使用调距桨、燃气轮机带喷泵的方式,可使舰艇覆盖低航速至高航速,加速时间短,提高了舰艇的机动性。

【知识与技能】

本案例涉及动力装置类型的相关知识,重点包括:柴油机和燃气轮机的特点及比较、喷泵推进的特点、调距桨的特点等。在了解理论知识的基础上,应掌握柴油机、燃气轮机的结构原理和工作特点,能够区分调距桨、喷水推进器和普通定距螺旋桨的结构、性能差别。

【素质培育】

优势互补,团队协作。在该案例中,联合动力装置发挥了柴油机和燃气轮机各自的优越性,使得舰艇的经济性、机动性得到了保证。由此可引申出团队协作的重要性,人无完人,每个人都既有优势,也有劣势,大家团结协作才会发挥出更好的效应。同时,舰艇作为一个集体,其战斗力与团队协作精神的发挥有着重要的关系,只有实现优势互补,才能发挥出最强的战斗力。

研讨题

1.分析归纳柴油机和燃气轮机的工作特点。

2.与普通定距螺旋桨相比,调距桨和喷水推进器有哪些优点和缺点?

案例7 螺旋桨产生鸣音

【课程模块】推进器

【案例简介】

某型船在航行时,在尾甲板、机舱工作间或艉轴附近能听到异常的、间断的、有规律的机械摩擦声。轮机部门怀疑这是船舶艉轴承出现问题而导致的高频干摩擦发出的声音,决定对艉轴承进行检查维护。检查发现,艉轴承温度正常,艉轴管滑油滤器中也未发现大量的白合金粉末,可基本排除艉轴承异常磨损的问题,且在改变船舶受载状态或转向大舵角操作时声音消失。

【案例分析】

船舶正常航行时,异常声音往往会引起船员的重视。间断的、有规律的机械摩擦声主要发生在轴系的轴承、推进器等有固定转速的部位。

结合声源位置在艉轴后的实际情况,轮机部门首先检修艉轴承的做法非常正确。检查发现,艉轴承并未发生异常磨损,又因改变船舶受载状态或大舵角操作时声音消失,可初步判定这种间断、有规律的异常声音是螺旋桨鸣音。

螺旋桨回转时,在桨叶随边 $0.4R$(R 为螺旋桨半径)以外的部位会产生有规律的涡流。在某几个转速下,涡流所引起的振动频率恰好会和桨叶固有频率接近而产生共振,这时,螺旋桨会发出鸣音。

解决螺旋桨鸣音的主要措施:

①将桨叶随边($0.4R \sim 0.8R$ 部位)进行部分加厚或减薄,改变桨叶固有频率,使之避开由涡流引起的振动频率,进而避免共振,有效消除鸣音。

②将桨叶随边制成锯齿状或钻孔。在正常情况下,螺旋桨周围的水流是比较规则的层流,当出现鸣音时,这种有规则的流态会导致不稳定的压力分布。锯齿状边缘或钻孔会使水流在经过桨叶随边时产生紊流,紊流状态下的压力分布更加均匀和复杂,避免了因规则流态下的压力波动而产生的鸣音。

③增加桨叶的阻尼,即在桨叶表面涂覆阻尼材料以抑制桨叶振动。

船员采用上述方法对螺旋桨进行处理后,起动试运转,检测各转速下螺旋桨鸣音的消除情况,发现异常声音消失。

【知识与技能】

本案例主要涉及基本的螺旋桨理论知识和振动学知识,以及螺旋桨产生鸣音的内在机理。消除螺旋桨鸣音的过程涉及桨叶随边厚度及形状处理、桨叶及叶片涂覆阻尼材料等专业工艺。在了解理论知识的基础上,应学会分析螺旋桨产生鸣音的原因,掌握螺旋桨鸣音的消除方法,增强对主动力装置的使用管理能力。

【素质培育】

精准分析。通过对该案例的学习讨论,引导学生了解有关振动和噪声的基本知识,增强全面分析问题的能力,让学生善于进行精准分析,能够从众多的噪声中分辨出螺旋桨的鸣音。

责任与担当。螺旋桨产生鸣音意味着船舶存在某种故障或问题,船员应该及时发现并报告问题,并采取有效的措施解决,确保船舶的安全和正常运行。在授课过程中,要强调责任感和担当精神,这也是船员应该具备的基本素质。

研讨题

1.引起柴油机轴系振动的原因有哪些？试从各个方面分析可能的原因。

2.螺旋桨为什么会产生鸣音？鸣音的危害有哪些？

3.消除鸣音的方法有哪些？其内在机理及具体工艺是什么？

案例8　某船主机弹性联轴器损坏案例

【课程模块】传动装置

【案例简介】

某船长度为70 m,型宽为14.8 m,型深为7 m,采用双机双桨可调螺距的推进方式。主机单机功率为3 060 kW,额定转速为800 r/min。高弹性联轴器额定扭矩为50 kN·m。该船在靠泊工况下采用主机定速模式,2台主机各自带动1台轴带发电机。该船所采用的高弹性联轴器是各个方向都具有弹性的橡胶联轴器,主要由橡胶部件、膜片组件及连接件组成,联轴器的所有连接元件为无间隙安装。

某日,该船驾驶台通知机舱备车,起动左、右2台主机。2台主机逐步加速至额定转速800 r/min,轴带发电机励磁并给侧推供电后,检查各参数正常,主机运转正常,转到驾驶台遥控。船舶在正常靠泊作业时,机舱报警系统突然发出右主机故障报警。值班轮机员发觉右主机声音异常,立即按下控制台上的右主机应急停机按钮,停止运行右主机。右主机停止后,检查主机高弹性联轴器,发现橡胶块脱落,其已经处于损坏状态,不能使用。同时,机舱内弥漫着橡胶磨损的味道,利用红外测温枪测量高弹性联轴器的温度,显示为117 ℃。

【案例分析】

高弹性联轴器具备柴油机在工作受力状态下补偿位移的能力。从船、机、桨配合的视角出发,高弹性联轴器的结构应实现模块化,从而带来良好的安装工艺性。联轴器的使用环境温度为−50~80 ℃,橡胶部件的分开式结构利于保证联轴器有良好的散热特性,纯扭矩传递及金属件与橡胶之间大的接触面积可有效降低噪声。所有部件需要遵从以扭振计算为基础的数值,以保证达到符合理想的动态刚度和阻尼特性。

本案例中的柴油机与齿轮箱连接的高弹性联轴器,主要由橡胶组件、膜片组件及连接件组成,主要作用是传递功率和扭矩,补充径向、轴向及角向位移,补偿旋转动量的振荡,调整系统自振频率,从而起到保护主机、齿轮箱和轴系的作用。在实际使用过程中,高弹性联轴器基本不需要特别维护,日常检查保养主要是每月检查螺栓紧固情况、橡胶块外表面状况及轴系振动等,一般在修船时进行拆解检查。

造成本案例中故障发生的原因:右主机在 800 r/min、0 螺距的工况下,发生高频游车现象,扭振、振幅急剧增大,超出联轴器许可值而造成撕裂。

解决措施:

①根据主机在 800 r/min、0 螺距的工况下发生的高频游车现象,联系调速器厂家工程师,协调到船调试;同时联系厂家工程师,委派自动化工程师对控制箱及其系统和调速控制系统进行检查。各方进行沟通,详细地了解了故障发生的经过及当时主机等主要设备的运转状况,制订调试方案,以及调试时需要互相配合和注意的事项。

②更换新的高弹性联轴器,做好对中调试。调试时,应尽可能把对中调至最好状态,特别是刚性安装的柴油机。在冷态下安装高弹性联轴器时,对中安装公差值由设备厂家(高弹性联轴器生产厂家)确定。高弹性联轴器的安装需要同时满足径向、轴向、角度三方面的要求。

③进行试车,并做好总结。

【知识与技能】

本案例涉及高弹性联轴器的结构与功用、高弹性联轴器的维护保养等内容。在了解理论知识的基础上,应掌握高弹性联轴器的结构原理和主要功用,能够进行日常维护保养,掌握高弹性联轴器安装调试的基本知识。

【素质培育】

事物的普遍联系与矛盾分析法。通过对该案例的学习讨论,引导学生认识到高弹性联轴器的重要性,明白高弹性联轴器的损坏与主机、齿轮箱、螺旋桨等部件的相互关联性,强化"事物是普遍联系的"的哲学观点。引导学生在看待问题时,不孤立地看待某个事物或现象,而从整体和联系的角度去分析,认识到各个部分之间的相互作用和影响。同时,强调在分析复杂故障时要分清主次,抓住主要矛盾和矛盾的主要方面,并集中力量解决主要矛盾,推动事物朝着有利的方向发展。

系统思维。围绕该船高弹性联轴器存在的不稳定因素,强调要树立安全操作的意识。船舶是一个高度复杂、集成度很高的装备,在日常管理中要加大巡回检查力度,备车时,机旁必须留有专人值守。高弹联轴器的故障检查,实际上是包括柴油机、调速器、变距桨等系统联合的调试检查,对该故障的分析和处理能够使人员形成系统性的船舶管理思维,有助于把维护保养工作落到实处。

研讨题

1.分析归纳高弹性联轴器的性能要求。
2.分析归纳高弹性联轴器的优点。
3.分析归纳高弹性联轴器选择与安装的注意事项。

案例9　某船触礁导致船体较大倾斜的应急处置

【课程模块】应急处置

【案例简介】

某船在航行过程中一直以 9 kn 左右的航速前进。某一日,因起大雾,能见度不良,船舶在航行过程中与预计航线有所偏离,不小心触到礁盘。右舷中后段船体出现局部破损,海水大量进入机舱和后舱室,经船舶安全小组紧急处置,险情被暂时控制,但船体向右出现了较大的倾斜。

此时,动力装置的使用应当注意哪些内容?

【案例分析】

船体破损后,首要的事情是应千方百计地阻止破损的扩大。一方面,由船舶安全小组进行堵漏,防止舷外海水大量进入舱室;另一方面,密切关注舱室的进水量以及破损的事态,及时利用水泵排除积水,维持船体平衡。

船体发生破损,必定会影响其动力装置的正常工作,因此必须分析船体破损给动力装置工作带来的影响,并采取正确的措施,保证动力装置正常工作。

本案例中,船舶因破损而产生较大倾斜,主机的负荷不均匀,吃水深的一舷负荷

增加,而另一舷负荷减小。为此,船员在管理中应注意:

①经常检查吃水深的一舷主机工作情况,防止超负荷。

②发现船体有较大倾斜时应立即关闭柴油、滑油、淡水舱两舷的连通阀,防止柴油、滑油、淡水自行流向倾斜舷而导致倾斜增加。

③注意检查消防泵、冷却水泵进口以及通海阀的入口等处是否会露出水面,如是,则会吸不上水,必要时可使用另一舷的通海阀。

④注意检查曲轴箱是否有油泄漏出来,如有的话应用小桶接住并将漏油倒回曲轴箱或循环油柜中去。

⑤注意检查柴油日用柜的柴油储量,必须保证其在总储量的 2/3 以上,以防吸入管口露出油面而吸不上油。

⑥应尽可能使用倾斜一舷的油、水。

【知识与技能】

本案例涉及船体破损后的应急处理方法、船舶较大倾斜情况下的动力装置使用方法等内容。通过对理论知识的学习,应具备积极果断处理船体破损的意识,牢记船舶较大倾斜情况下动力装置的使用注意事项,提升在船体破损情况下的应急处置能力。

【素质培育】

沉着冷静、积极果断。船舶动力装置是船舶前进的重要装置,关系着全船人员的安全。遇到船舶出现破损的情况,绝不能慌乱走神、手足无措,应保持沉着冷静的心态,积极应用所学的知识和技能,果断处置险情。

敢于战斗。培养学生攻坚克难的勇气和敢于战斗的精神,不怕困难、不怕危险,在危难险重的情况下仍能够正确使用动力装置,确保船舶航行安全。

研讨题

1.船舶在航行过程中出现较大倾斜,应如何做好动力装置的管理工作?

2.船舶在航行过程中因破损出现较大倾斜,如果使用调整压载水的办法来平衡船舶,那么压载水舱的选择和调整策略应是怎样的?

3.如果海水大量进入机舱,需采取哪些应急措施来保护主机及相关设备?

案例 10　某船触碰码头事故

【课程模块】应急处置

【案例简介】

某日 1120 时,某船在备车进港(当时备右锚,船长在驾驶台指挥,三副值班,三管轮在机舱值班,主机操纵采用驾控方式),航速为 9~10 kn。1320 时,船舶抵达某港水域,船长下令停车淌航(主机转速为 220 r/min 左右),把定航向 280°。1325 时,船舶抵达码头 1 号泊位对开水域 250 m 处,航速为 5 kn 左右。船长令右舵 20°、下右锚 1 节入水,然后令微速退,准备掉头顶流靠码头 2 号泊位。此时,船长发现驾驶台操纵面板上倒车指示灯不亮,主机转速表显示为 0,主机自动熄火,于是叫三副电话通知机舱,要求尽快抢修,重新起动主机,同时令右锚 2 节入水。1328 时,主机重新起动(在主机自动熄火后,三管轮立即从集控室跑到机旁,由于其不熟悉该轮主机的操作程序,导致主机无法起动。待正在舵机房巡查的大管轮得知情况后跑到机旁,将主机操纵方式置于机控状态,重新起动,主机又转为驾控状态,转速为 220 r/min)。船长再次指令倒车,但倒车指示灯仍然不亮,主机转速表再次归零,主机再次熄火。此时该船距离码头 50 m 左右,船长令下左锚。1330 时,当左锚 2 节入水时,船首触碰码头 2 号泊位,碰角为 70°~80°,大管轮电话通知驾驶台要求转换成机控操作,并调高主机怠速至 235 r/min,重新起动主机并正常运行。该船离开码头后,重新靠泊码头 2 号泊位。

事故造成该船舯柱两锚链孔之间局部凹陷,右舷锚链孔罩脱落;球鼻艏尖峰内凹破裂。码头第 9 排架严重受损,第 10、11 排架的横梁及其他构件均有不同程度的损坏。

【案例分析】

本次事故完全由人为过失引起。该船发生触碰码头事故的主要原因有:

(1)人员操作不当

人员操作不当导致主机熄火,是船舶失控事故发生的重要原因。该船停车淌航时余速过快,艉轴仍在高速运转,驾驶台在主机怠速运转的情况下直接操纵倒车,负荷过大,导致主机自动熄火,船舶失控而触碰码头。

（2）设备操作不够熟悉

值班轮机员不熟悉主机的操作程序，错失抢险时间是事故发生的另一重要原因。当主机第一次自动熄火后，在机舱值班的三管轮对主机的遥控装置不了解，没有掌握操作技能，以致无法及时起动主机。待正在舵机房巡查的大管轮赶回重新起动主机时，已错失宝贵的 3 min，此时船舶距离码头只有 50 m 左右，触碰已不可避免。

（3）应急处置不当

一是对当时的环境及意外情况估计不足。在靠泊码头过程中，该船船长没有对当时的风速、水流作出充分估计，又未控制好船舶余速、姿态以及与码头的靠泊角度，并且只备好右锚，匆忙掉头靠码头，导致该船在主机熄火、船舶失控后，以较快的速度和较大的冲力触碰码头。二是在紧急情况时采取措施不力。在掉头靠码头的过程中，当主机熄火、船舶失控时，船长只采取了下右锚 2 节入水的措施，未要求继续松链并及时抛下左锚以降低船舶冲力，未能减少事故损失。

【知识与技能】

本案例涉及主机熄火后的应急处理方法、主机倒车的正确方法和注意事项等内容。通过对理论知识的学习，应能够积极果断地处理主机熄火带来的影响，牢记船舶倒车时的注意事项，提升应急处置能力。

【素质培育】

沉着冷静。船舶主机是船舶前进的重要装置，关系着船舶的航行安全。出现主机熄火的情况，工作人员应保持沉着冷静的心态，积极应用所学的知识和技能，果断处置险情。

厚积薄发。学生在平时要注重对理论知识的学习和实操训练，不断提升个人能力和水平，只有在平时把自己的技能搞扎实，才能在危难险重的情况下正确处置险情，正确评估并采取合理措施以确保船舶安全。

研讨题

1.船舶主机倒车的正确操作方法是什么？

2.结合本案例，谈一谈如果船舶在航行过程中主机熄火，应如何做好应急处置工作。

案例 11　螺旋桨被渔网缠绕失去动力

【课程模块】推进器

【案例简介】

2024 年 1 月 29 日,在黎安附近海域,一艘游艇因螺旋桨与漂浮的渔网缆绳不慎发生缠绕而失去动力,在航道内随浪漂浮,存在与来往船只发生碰撞的风险。

该游艇通过海上 110 报警求助,海南三亚陵水海警工作站立即派遣执法摩托艇赶往救援。到达现场后,遇险游艇已经因缠绕渔网失去动力而在海上漂浮 2 个多小时,所幸游艇上的 2 名游客并无大碍。

起初,海警执法员尝试通过缆绳拖带的方式,将该游艇拖带回港,但由于游艇吨位较大且海况较为恶劣(浪高 2 m),多次尝试后仍无法拖带。随后,执法员改变策略,通过相关途径协调了一艘就近作业的科考船赶赴现场协助。执法员采取"对角交叉"拖带牵引法对游艇实施慢速拖带,并通过高音喇叭提醒周围船舶注意避让。经过 1 个多小时的努力,遇险游艇被安全带回码头。

【案例分析】

螺旋桨是船舶动力系统中的关键部件,它将船舶主机产生的旋转力矩转换成推动船舶前进或后退的推力。如果螺旋桨发生故障,船舶的正常航行将受到不同程度的影响,在发生故障时,要基于对故障的合理分析选择合适的处理方法。

螺旋桨被渔网缠绕后,螺旋桨的力矩增加,造成主机负荷增加,而如果负荷过大,主机就会停止工作。若起动负荷过大,主机便无法再次起动成功。船舶螺旋桨缠上钢缆、渔网等杂物时,如时间不长,应立即停车,然后用突然倒车的方法把杂物甩掉,如一次甩不下来,可以多倒几次。如果对负荷影响不是很严重,而任务又不允许船舶停车修理,主机可以继续工作但应适当降低转速,同时经常注意主机负荷的变化。如对主机工作影响很大,主机不能继续工作,在这种情况下应当及时求救。如有潜水人员,可尝试通过人工潜水的方式解除缠绕。

在执行拖带任务时,工作人员应当进行科学评估以确定可行性,案例中起初用执法摩托艇执行拖带任务的方法失败,原因就是拖带阻力过大,后协调吨位较大的科考船执行拖带,任务才顺利完成。

【知识与技能】

本案例涉及螺旋桨被渔网缠绕的判断方法以及缠绕后的应急处置方法等内容。通过对理论知识的学习,应能够积极果断地处理螺旋桨被缠绕的险情,掌握游艇遇险救助方法,提升应急处置能力。

【素质培育】

沉着冷静。螺旋桨是产生推进动力的关键设备,关系着船舶的航行安全。当螺旋桨被渔网缠绕时,工作人员应保持沉着冷静的心态,按照正确的方式,科学果断处置险情,不要因惊慌失措失去了处置的最佳时机,最终导致动力完全丧失。

爱国情怀。海警队员迅速且高效的救援行动,展现了中国海警守护海洋安全、保障人民海上活动顺利进行的责任与担当。由此,激发学生对海洋强国事业的关注,引导他们树立捍卫国家海洋权益、投身海洋强国建设的远大志向,努力学习专业知识,为祖国的海洋事业添砖加瓦。

研讨题

1.螺旋桨遭遇渔网缠绕会有哪些故障表现?

2.螺旋桨被渔网缠绕会对船舶性能产生哪些影响?

3.结合本案例,谈一谈如果螺旋桨在航行过程中被渔网缠绕,应如何做好自救工作。

案例 12　螺旋桨被渔网缠绕后船舶冒险航行

【课程模块】推进器

【案例简介】

2022 年 2 月 23 日,某船在港区码头被海事执法人员发现船尾处有异常情况,一团疑似渔网的絮状物在右侧螺旋桨艉轴处时隐时现。后经调查,该船在沿台湾海峡北上航行时,由于海况恶劣,船舶临时调整航线,靠近沿海航行。在航行过程中,当班二副发现船体振动,主机转速和航速明显下降,报告船长后,判断螺旋桨缠绕渔网等异物。该船未将此情况报告海事管理机构,也未采取相应措施,选择继续冒险航行至码头靠泊。海事执法人员依法对船长和相关责任船员进行了批评教育和行政处罚,责令其立即整改。随后,船公司联系潜水员开展水下作业清理渔网,并组织检查螺旋桨艉轴密封情况。

【案例分析】

船舶在航行过程中不慎进入渔业养殖区而缠绕渔网的事件时有发生。在该案例中,船长明知螺旋桨被异物缠绕,但为了避免发生渔业纠纷,选择了隐瞒不报。其做法是不可取的,冒险航行更是十分危险和不负责任的行为。

该船螺旋桨虽然缠绕程度不严重,但已造成主机负荷增大,轴系振动加剧,船舶操纵控制能力下降,发生碰撞事故的概率明显提高。如不采取措施并选择继续冒险航行,艉轴和主机很有可能受损。

船舶在海上航行时,要密切注意船舶周围的动态,尽可能远离养殖区或渔船作业区;如必须进入相关区域,值班人员要加强航行瞭望,注意避让作业渔船、漂浮渔网等。船员还应密切关注主机负荷参数和艉轴运行情况,一旦发现船体异常振动、主机负荷增加、水温升高、冒黑烟等现象,需怀疑螺旋桨是否被渔网等异物缠绕。如缠绕时间不长,应立即采取停车然后用突然倒车的方法把杂物甩掉,如一次倒车甩不下来时,可以多倒几次;如无法清除,应立即报告,选择安全水域就近抛锚,安排水下作业,防止异物越缠越紧。

【知识与技能】

本案例涉及螺旋桨被渔网缠绕的判断方法、螺旋桨被缠绕后的正确处置方法等。通过对案例的学习讨论,应能够积极果断处理螺旋桨被缠绕的险情,举一反三,吸取教训;为规划船舶航线提供合理建议,提升对动力装置的有效管理,确保主机用车安全可靠。

【素质培育】

谨慎意识。船舶在海上航行时,要密切注意周围动态,做到谨慎驾驶。船员应当具备足够的谨慎意识,以避免人为因素造成的损失,保障船舶机电设备的安全可靠。

责任意识。船长,作为船舶航行的领导者,肩负着保障船舶以及全体船员生命安全的重任。以此案例为戒,教育引导学生要有强烈的责任心,明白必须具备扎实的专业知识,才能在面对实际问题时作出正确判断并有效应对,从而形成努力学习专业知识的紧迫感和责任感。

安全规范。学生要加强对各项安全规定的学习,履行安全管理体系要求,规范处置船舶遇到的各类险情。只有做到安全规范,才能共同维护好海上安全环境,为国家海洋发展战略贡献力量。

研讨题

1.如何判断螺旋桨是否被异物缠绕?

2.如果螺旋桨遭遇了异物缠绕,应如何处理?

3.结合本案例,谈一谈船长选择继续冒险航行将会带来的风险。

案例 13　螺旋桨脱落引发搁浅

【课程模块】推进器

【案例简介】

2021 年某日 2355 时,某船在移泊期间,船长感觉有异物缠住螺旋桨,船舶动力负荷比平时大,船尾振动明显,随即采取倒车措施摆脱异物。振动缓解后,船舶装货继续航行。第二天下午 1430 时,该船抛锚并请潜水员排查螺旋桨,潜水员发现钢丝绳缠绕在螺旋桨轴上并实施了清除。1730 时,船舶起锚继续航行,在出港过程中为避让渔船多次倒车减速。第三天下午约 1741 时,该船准备停靠码头,在距离码头约300 m、航速为 3.7 kn,船长操纵主机倒车减速时,听到机舱方向发出"砰"的一声,随后主机停车。1742 时,轮机员下机舱重新起动主机,正倒车均正常,但船尾无水流。1743 时,船长下令抛锚,要求轮机长排查故障。2000 时,船尾搁浅。2100 时,轮机员发现机舱进水,起动 4 台水泵排水,但效果不大,进水量比排水量多。2305 时,船舶向海事管理机构报告机舱进水、船舶下沉,需要救助。第四天 0250 时,该船沉没。

【案例分析】

在航行过程中,螺旋桨被异物缠绕的事件时有发生。在该案例中,船长判断螺旋桨被异物缠绕,打算利用倒车把异物甩掉。但是很明显,异物没有被成功甩掉。船长选择了冒险航行,致使螺旋桨一直处于不正常的工作状态,航行时间长达 14 h。在船舶抛锚后,该船也只是简单清理了螺旋桨缠绕的钢丝绳,未对螺旋桨整体状态进行检查。在停靠码头过程中,螺旋桨突然脱落,船舶失控搁浅,最终进水沉没。

该事故的教训十分深刻,主要有:

①安全排查不到位,开航前设备自查不规范。该船在移泊期间已经发现螺旋桨存在问题,开航前未进行认真规范的检查,存在侥幸心理。

②遇险报告不及时,船长考虑不周。螺旋桨脱落失控期间,船长开展自救行动未考虑潮流、河床情况,未及时评估船舶的安全性。同时,船舶失控搁浅后未及时报告,造成事故损失进一步扩大。

③螺旋桨状态检查不彻底。该船抛锚后,虽然请潜水员清理了钢丝绳,但清理后未仔细检查螺旋桨的状态,没有及时发现故障隐患。

当船舶螺旋桨脱落时,主机突然卸载,会使转速迅速升高,甚至引起飞车。其实,螺旋桨脱落是可以被及时发现的。如在航行时发现主机转速突然升高而负荷低、排气温度和油、水温度也低,且柴油消耗量也少;航速减慢、航向不正;船尾无涡流等,即可判断螺旋桨可能发生脱落。

【知识与技能】

本案例涉及螺旋桨被钢丝绳缠绕的判断方法、缠绕后的正确应急处置方法等内容。通过对案例的学习讨论,应能够积极果断、科学地处理螺旋桨被异物缠绕的险情;能够吸取相关教训,提升船舶机电设备应急管理能力,锻炼在遇到险情时的应急反应能力。

【素质培育】

不打无准备之仗。船舶在开航前要做好充分的准备,保障船舶的航行安全。知己知彼、百战百胜,教育学生要时刻保持警觉,做好准备,以应对工作和生活中的各种挑战和机遇。

履职尽责。船员尤其是船长,不可缺少责任心,应履行好自身的职责,在关键时刻能够科学果断地作出决策。机电人员应具备扎实的机电理论基础和丰富的实践经验,并且不断学习新技术、新设备的相关知识,提升自己的专业技能,努力做到高效、准确地解决各种技术问题。

责任担当。身为船员,要严格按照安全管理体系的要求履行职责,在关键时刻要勇于克服困难。国家海洋发展战略的实施需要一个好的海上交通环境,这需要所有人的共同努力。

研讨题

1.如何判断螺旋桨是否脱落？

2.结合本案例,谈一谈可以吸取的其他教训。

3.结合本案例,总结一下船长选择继续冒险航行将会带来的风险。

案例 14　航母螺旋桨轴断裂事故

【课程模块】传动装置

【案例简介】

2022 年 8 月,英国"威尔士亲王"号航母离开英国朴次茅斯,准备前往美国进行训练,途中右舷的螺旋桨轴意外断裂。在码头抢修了几个星期后,33 t 重的螺旋桨被拆除,航母前往巴布考克公司的一处船坞继续进行维修。2023 年 5 月,英国国防大臣华莱士透露,导致右舷的螺旋桨轴意外断裂的原因是螺旋桨轴安装不当,出现了 0.8~1 mm 的错位。这一点点的偏差引起了严重后果,预计该航母维修费用高达2 500 万英镑。

【案例分析】

英国"威尔士亲王"号航母发生螺旋桨轴意外断裂的直接原因是螺旋桨轴安装不当。船舶主机、轴系和螺旋桨的安装定位是关键技术之一,其中轴系安装尤为关键。在本案例中,螺旋桨轴出现了较大的安装错位,在运转时会产生振动,而振动除了会造成磨损之外,更严重的是会造成螺旋桨轴负荷过大,导致螺旋桨轴疲劳断裂。

双轴系的螺旋桨轴在安装时,由于具有可拆联轴器,可从船外装入。安装前,艉管轴承应已经装入艉管,密封装置准备就绪。螺旋桨轴装入后应轴向定位及止动,然后安装填料函,连接冷却水管、滑油管及安装密封装置等,并进行压力与密封测试。

【知识与技能】

本案例涉及轴系及螺旋桨的基本结构、螺旋桨及艉轴的安装方法等内容。通过对案例的学习讨论,应进一步熟悉船舶轴系的结构原理,了解螺旋桨及艉轴的安装要求,端正认真细致的工作态度。

【素质培育】

工匠精神,精益求精。航母是国之重器,在国家安全战略中具有不可替代的重要作用。航母的发展需要工作人员发挥大国工匠精神,执着专注、精益求精、一丝不苟、追求卓越。要引导学生尊重劳动、尊重创造,在本职岗位上坐得住、做得好,立足工作实际,不断突破创新。

注重细节。处理问题时必须注重细节,细节往往决定一件事情的成败。一个微小的疏忽或错误,都可能引发连锁反应,导致整个事情的失败。在事物发展过程中,要及时发现并纠正微小的偏差和错误,防止其积累到一定程度后引发更大的问题。

研讨题

1.船舶轴系由哪些部分组成?

2.结合本案例,分析归纳螺旋桨轴安装的基本步骤。

3.船舶轴系的维护与保养内容有哪些?

案例 15　某船靠码头主机不能空车

【课程模块】 传动装置

【索例简介】

某船采用双机双桨配置。某日该船接到任务,需要出发去另一个港口码头,预计航行时间约 30 min。靠码头前,船长没有按照规定试验主机的变向情况。在靠码头时,船员发现左主机不能空车,致使操纵不及,左舷撞击码头,侧翼支柱损坏。经事后检查,左主机的遥控操作系统与液压变向操作杆的连接销子掉落,而机电人员没有及时发现,遥控操作系统无法控制主机变向,船长无法操纵主机回到空车位置。

【案例分析】

该船发生撞击码头事故,主要原因如下:

(1)设备因素

直接原因是连接销子掉落,遥控失效。

(2)人员因素

机电人员未能遵守规定做好测试检查,未能及时发现销子掉落。船长在靠码头前没有测试各台主机的变向情况,等到发现已来不及处理。

总结该事故的经验教训:一是机电人员应该按照规定操作主机,经常检查主机各部件的工作情况。特别是在特殊工况下,应特别注意操纵系统及信号情况是否正常,发现问题及时处理。二是船长在靠码头前要测试各台主机的变向情况,并养成检查试验的良好习惯。

【知识与技能】

本案例涉及主机遥控系统的原理、离合器的工作原理等内容。通过对案例的学习讨论,应了解主机遥控系统的原理和主要实现方法,能够按照规定要求开展装备检查和保养工作,培育按照规定操作装备的意识,确保主机遥控系统的正常工作。

【素质培育】

遵守法规条例。通过对本案例的学习讨论,引导学生明白按照规定操作装备的重要性,更好地树立遵章守纪的意识,杜绝马虎大意、掉以轻心,一步一个脚印地把设备使用规定落实好。

有备无患。无论做什么事情,充分的准备是取得成功的基石。教育学生要养成良好的检查试验习惯,做到有问题早发现、早处理。

研讨题

1.简述主机遥控系统的工作原理。

2.结合本案例,分析预防此类事故发生的主要措施。

3.在靠码头前,机电人员应做好哪些检查?

案例 16　艉轴缠绕渔网导致主机超负荷使用

【课程模块】传动装置

【案例简介】

某艇配置 4 机 4 桨,在某海域进行训练后,返航途中出现艇体振动,艇长和机电人员判断艉轴可能缠上了渔网。返回锚地后,艇长组织人员下水检查,发现 4 号主机艉轴上有渔网,因涌浪较大,又无潜水设备,渔网无法取下。随后,该艇航行去另外一个锚地,使用 1、2 号主机。约 20 min 后,2 号主机突然发出"咯噔"的响声,同时冒出一股黑烟,机电人员主动停机,进行人工盘车却发现盘不动。后改用 3、4 号主机工作,因 4 号主机艉轴缠有渔网,该艇主动降速航行至锚地。后该艇返港口检查,发现 4 号主机艉轴上缠有三段渔网,1 号主机艉轴也有一段渔网,2 号主机被打坏,曲轴箱报废,曲轴及其他各缸连杆都有不同程度的变形。

【案例分析】

该艇出现主机损坏事故,根本原因是主机超负荷使用。该艇在组织人员下水检查时,仅发现 4 号主机艉轴缠有渔网,未发现 1 号主机艉轴也缠有渔网。在使用 1、2 号主机航行时,该艇未进行降速,致使主机处于超负荷运行状态,造成连杆折断打坏机器。事后经复盘分析,该艇使用 1、2 号主机航行时,主机转速过高,这在平时艉轴未缠渔网的情况下也是不推荐的做法。

总结该事故的经验教训:一是机电人员应该熟悉动力装置的主要性能参数,对使用中的问题必须认真分析研究;应按照规定操作使用主机,严禁超速使用。二是要密切注意主机负荷,特别是在船龄较大的情况下,要适当减速使用,时刻关注主机仪表的参数、排烟的颜色等。管理人员如果不注意观察主机的工作状态,很容易错过发现问题的时机。

【知识与技能】

本案例涉及舰艇动力装置使用管理的知识,尤其是在特殊工况下的主机使用管理要点。通过对案例的学习讨论,应掌握部分主机工作情况下动力装置正确使用的管理方法,能够根据主机仪表和排烟颜色来判断主机是否超负荷,会在船舶阻力变大的情况下合理降低主机的转速,保证动力装置的用车安全。

【素质培育】

责任意识。通过对该案例的学习讨论,引导学生明白动力装置正确使用的重要性,严格落实规定要求。提高责任意识有助于形成积极向上的心态,激发内在动力,促进个人的全面发展。

随机应变。在外界条件改变的情况下,对船舶和机器的使用管理也应随之调整,并快速作出灵活、适应性强的处置,提升随机应变的能力。

适可而止。合理的转速对于主机的正常运行十分关键,懂得适可而止,能够帮助我们在追求目标、处理事务或与人交往等方面保持清醒的头脑和坚定的自制力,避免过度或者不足,恰到好处以达到最佳状态。

研讨题

1.简述多机多桨传动的稳定配合特性。

2.结合本案例,分析4机4桨的主动力装置在使用双机双桨时的注意事项。

3.针对双机双桨的主动力装置,如何选择合理的工作制?

案例 17 某船橡胶高弹联轴器使用时间过长

【课程模块】传动装置

【案例简介】

某多用途船采用双机双桨动力装置形式。某日该船空载航行至某水域,左推进装置齿轮箱及传动轴出现振动且振动幅度越来越大,随时面临左推进装置瘫痪、船舶失控的风险。船长向海事部门报告故障后,该船紧急在附近锚地寻找安全水域抛锚并组织抢修。

经检查,左推进动力装置的问题出现在齿轮箱及联轴器附近。次日下午,该船联系齿轮箱生产厂家,厂家给出对左推进装置的橡胶高弹联轴器换新的解决方案。

更换新的橡胶高弹联轴器后,主机试车无异常振动。

检查拆解下来的橡胶高弹联轴器,发现其外轮齿有多处缺口、磨损及表皮脱落的现象。经查阅该船技术档案,发现该船于 2016 年完工下水,已经超过 8 年未更换新的橡胶高弹联轴器,而根据技术说明书的要求,这种联轴器一般 5 年便需要进行更换。

【案例分析】

该船出现本次故障的直接原因是橡胶高弹联轴器长时间未检修,原本 5 年需换新,实际使用了 8 年多,导致其老化磨损严重。这既导致了轴系中心线不正,也影响了扭矩传递的均匀性,导致联轴器无法起到补偿轴向位移、径向位移及角位移的作用,引起主推进装置齿轮箱和轴系装置的剧烈振动,无法保持正常工作。

从该案例中可以吸取的经验教训有:一是船员在船舶航行途中应随时监控主机、齿轮箱及轴系的运转情况。当主推进装置出现剧烈振动,船舶不能继续航行时,需及时向主管部门报告并寻求帮助,同时启动应急预案将船驶往安全水域进行检修,避免在短时间内对动力装置造成不可逆的损伤。二是船舶应参照相关技术说明书的要求对机电设备开展维护保养,尤其是关键设备的易损件,要按照推荐时间间隔进行更换。比如,对于本案例中的橡胶高弹联轴器这类有一定使用年限的部件,应按照厂家建议或实际使用情况定期维护和更换。三是日常要勤于检查,落实装备管理制度。若发现动力装置存在老化或损坏的零部件,要进行必要的维修更换,以避免严重影响船舶航行安全。

对于动力装置中齿轮箱的故障,及时准确地分析故障原因,并采取适当的修理和改进措施十分关键。同时,做好日常维护保养和定期检查工作也是预防故障发生的关键。

【知识与技能】

本案例涉及齿轮箱的结构原理,弹性联轴器的分类、功用和结构特点等内容。通过对案例的学习讨论,应掌握弹性联轴器的主要功用,能够理清橡胶弹性联轴器的优缺点,会检查弹性联轴器工作状态的好坏,能够通过故障现象分析原因并解决问题。

【素质培育】

团结协作。船舶齿轮箱的故障解决,需要多个部门人员的协同。轮机员负责对设备进行初步检查和数据收集,维修工程师进行深入的技术分析,而船舶管理人员则协调资源和制订维修计划。在故障排查中,轮机员发现了齿轮箱的异常噪声,但无法准确判断故障原因。此时,维修工程师迅速介入,凭借其专业知识和经验,通过对设备的拆解和检测确定了故障所在。这种协作体现了团队成员之间的信任和互补,只有大家团结一心,才能迅速找到解决问题的关键。故障排除后,团队成员还需要共同总结经验教训,制定预防措施。

履职尽责。本案例中,船员们通过讨论发现故障是由于日常维护不到位导致的,说明现执行的维护计划和监督机制有待完善。这就需要每个人认真履行自己的职责,还需要相互监督和提醒,形成良好的工作氛围,以防止类似故障的再次发生。

责任担当。橡胶弹性联轴器虽然只是一个机械部件,但它具有传递动力、减少振动和补偿位移的重要作用。这启示我们在平时工作中,无论处于何种位置,都要有责任担当的意识。比如,一位轮机工程师在设计和选择联轴器时,需要充分考虑各种因素,确保其性能可靠,以保障整个传动系统的正常运行。这就如同一位领导者,在面对困难时要勇担责任,作出正确的决策,确保任务的顺利完成。

研讨题

1.对比分析橡胶弹性联轴器与其他类型联轴器(如金属膜片联轴器、齿式联轴器等)的优缺点及适用场景。

2.结合本案例,列举至少 3 种常见的橡胶弹性联轴器的故障形式,并说明可能引起故障的原因。

3.橡胶弹性联轴器的检查和故障分析方法有哪些?

案例 18　某船喷泵流量不足

【课程模块】推进器

【案例简介】

某船采取双机双喷泵的动力推进形式。在某次执行任务期间,该船运行过程中突然发现喷泵流量降低,船舶推动力明显减弱,航速下降。船员观察到喷泵的出口水流变小,与正常状态相比流量明显降低,并且伴随和日常正常工作时不一样的噪声,船舶上的流量监测仪表显示喷泵的流量低于正常值。

出现问题后,该船的航速难以达到任务执行的要求。船长怀疑是喷泵的流道被杂物堵塞,安排人员进行目视检查,没有发现异物缠绕在喷泵外部,后派遣潜水员进行水下检查,发现有一团塑料垃圾聚集在喷泵的进水口处,潜水员随即将垃圾清理。清理完毕后该船进行系统调试,逐步增加船舶的动力输出,观察喷泵的流量和出口水流情况,发现动力恢复正常。

【案例分析】

本案例中引起故障的原因为喷泵进口堵塞,可采取以下方案进行处理:

(1)初步检查与应急处理

船舶应立即停止高速运行,切换至低速或怠速状态,以减少对喷泵的进一步损害。同时,持续观察喷泵流量监测仪表和喷泵出口水流情况,记录异常数据变化。

安排船员对喷泵周围进行目视检查,查看是否有明显的外部损坏或异物缠绕在喷泵外部结构上。如果发现有小型漂浮物等,应小心清理,注意不要对喷泵造成二次损伤。

(2)排查进水口与流道

派遣潜水员或使用水下机器人对喷泵的进水口进行检查,查看是否有大型杂物堵塞进水口。如果发现堵塞物,应根据其大小和性质采取相应的清理措施。例如,对于小型杂物可以使用工具直接清理;对于大型或难以移动的杂物,需要借助专业设备进行打捞。

对喷泵的流道进行全面检查。可以使用内窥镜等设备深入流道内部,查看是否有异物卡在流道中。如果发现堵塞物,应根据流道的结构和堵塞物的位置,选择合适的工具进行清理。同时,检查流道内壁是否有损坏或腐蚀现象,如有需要及时进行修复。

(3)检查喷泵内部组件

拆卸喷泵的部分外壳,检查叶轮是否有损坏或异物缠绕。如果叶轮受损,应及时更换或修复;如果有异物缠绕,应小心清理,确保叶轮转动顺畅。检查喷泵的密封件是否完好,如有损坏应及时更换。密封件损坏可能导致水流泄漏,从而降低喷泵的流量和运行效率。检查喷泵的驱动系统,包括传动轴、联轴器等部件,确保其连接牢固、运转正常。如果发现驱动系统有故障,应及时进行维修或更换相关部件。

结合该案例,对于喷水推进的船舶总结几点经验:一是在船舶执行任务前,加强对喷泵及相关系统的检查和维护,确保其处于良好的工作状态。二是在航行过程中,密切关注船舶的各项运行参数,及时发现问题并采取措施。三是在喷泵的进水口处安装过滤网等设备,防止杂物进入喷泵。定期清理过滤网,确保其过滤效果。四是加强船员培训,提高船舶设备故障的识别和处理能力,确保在出现问题时能够迅速采取正确的补救措施。

【知识与技能】

本案例主要涉及船舶推进系统的相关知识,主要有双机双喷泵动力推进形式的工作原理、喷泵的结构组成等。通过对案例的学习讨论,应了解喷泵如何将机械能转化为水流的动能以推动船舶前进;了解进水口、流道、叶轮、密封件、驱动系统等各部分的功能和相互关系;能够敏锐地观察到船舶运行中的异常现象,如喷泵流量降低、出口水流变小、噪声变化等,并准确判断这些现象与喷泵故障的关联;了解水流在喷泵内部的流动路径和可能出现的问题,如堵塞、泄漏等对流量的影响;具备分析故障现象的能力,通过对现象的分析初步确定可能的故障原因和范围;掌握对喷泵及相关系统进行检查的技能,包括外部目视检查、进水口检查、流道检查、叶轮检查、密封件检查和驱动系统检查等;掌握使用各种工具和设备进行维修操作的方法,如清理堵塞物、更换损坏部件、修复密封件等。

【素质培育】

大局意识。强化学生的大局意识,明白自己的工作对于国家海洋事业、经济发展和国防安全的重要性。在面对故障时,不推诿、不退缩,全力以赴确保船舶的正常运行,为实现国家战略目标贡献自己的力量。

坚韧不拔。锻炼学生坚韧不拔的意志品质。故障排查和维修可能是一个漫长而复杂的过程,会遇到各种困难和挫折,需要学生有耐心和毅力,不放弃、不气馁,持续努力直到问题得到解决。

勇于担当。鼓励学生勇于担当,在面对故障时不能逃避责任,而是要勇敢地站出来,主动承担起解决问题的责任。这种勇于担当的精神不仅有助于解决当前的问题,还能为学生的个人成长和职业发展奠定坚实的基础。

研讨题

1.在本案例中,导致喷泵流量降低的原因有哪些?请结合船舶推进系统的工作原理进行分析。

2.假设喷泵的叶轮被异物缠绕,会对船舶的运行产生哪些影响?应如何进行清理和维修?

3.本案例中的故障处理过程体现了哪些职业精神?请结合实际谈谈这些精神在船舶航行工作中的重要性。

案例 19　某船操舵装置转向轴复位弹簧断裂

【课程模块】舵机装置

【案例简介】

某日,某船如往常一样在航道中平稳航行。在一次正常的转舵操纵后,船员发现操舵装置并未如预期那样归位至正舵零位。取而代之的是,船舶开始出现跑舵现象,航向难以控制。船舶的航向变得极不稳定,随时可能偏离预定航线,给船舶航行安全和船员的生命安全带来严重威胁。面对这一紧急情况,经验丰富的船长迅速冷静下来,立即采取紧急措施。一方面,组织人员采取手动操作人力舵的方式控制航向,尽力保持船舶在安全范围内行驶;另一方面,以最快的速度联系海事管理机构,报告船舶的危急情况,并请求在安全水域临时锚泊维修。在等待救援的过程中,船员们时刻保持警惕,密切关注船舶的动态和周围水域的情况。

经过初步排查,船员发现该船操舵装置转向轴复位弹簧断裂,这是导致操舵装置无法归位至正舵零位并出现跑舵现象的直接原因。

在确认故障原因后,船长决定更换断裂的复位弹簧以恢复操舵装置的正常功能,包括拆除舵机操舵装置的相关部件、更换复位弹簧以及重新装复等。经过现场更换弹簧后,操舵装置经检查测试确认恢复正常,可以快速复位至正舵位置。

【案例分析】

1.故障原因分析

(1)直接原因

操舵装置的转向轴复位弹簧在船舶运行中起着至关重要的作用。它的主要功能是在操舵完成后,将操舵装置拉回到正舵零位,确保船舶能够保持稳定的航向。当复位弹簧断裂时,操舵装置失去了这个自动复位的力量,从而导致无法归位至正舵零位,出现跑舵现象。复位弹簧断裂的原因包括疲劳老化、承受过大应力或者弹簧本身存在质量问题。

(2)间接原因

船员对操舵装置的日常维护和检查不够严格,无法及时发现复位弹簧的潜在问题。例如,没有定期检查弹簧的弹性和完整性,没有对操舵装置进行全面的保养等。

船员在操舵过程中的操作方式也可能对操舵装置造成影响。如果操舵过于频繁或用力过猛,会增加复位弹簧的负担,加速其老化和损坏。

2.船员应对措施分析

(1)优点

在面对紧急情况时,船员们能够保持头脑冷静,这是非常关键的。良好的心态可以帮助船员思路清晰地思考问题,并采取有效的措施控制局面。

船员及时采取手动模式控制船舶航向,有效地降低了船舶偏离预定航线的程度,减少了事故发生的风险。

船员第一时间联系海事管理机构,请求临时锚泊维修,显示了船员在紧急情况下的正确判断能力和及时处理问题的能力。这不仅确保了船舶和船员的安全,也为后续的故障处理争取了宝贵的时间。

(2)可改进之处

虽然船员在故障发生后采取了有效的应对措施,但如果能够建立一套预警机制,可以更好地避免类似故障的发生。例如,通过安装传感器等设备,实时监测操舵装置的运行状态,一旦发现异常情况,及时发出警报。同时,应进一步加强应急演练,提高在紧急情况下的反应速度和协作能力。例如,定期进行操舵装置故障应急演练,让船员熟悉各种故障的处理方法,提高应对突发事件的能力。

(3)经验教训

在今后的学习和工作中,注意加强对设备的维护和检查,定期对操舵装置等关键设备进行全面的检查和保养。特别是要关注易损部件的状态,及时更换老化或损坏的部件,确保设备的正常运行。加强对设备的日常巡视和监测,及时发现设备的异常情况,并向管理方报告,以便及时采取措施进行处理。应定期进行应急演练,熟悉各种紧急情况的处理方法,提高船员在紧急情况下的反应速度和协作能力。

【知识与技能】

本案例主要涉及的理论知识和实操技能如下:

(1)船舶机电设备知识

应了解操舵装置的工作原理和结构组成,包括转向轴、复位弹簧、舵机等部件的功能和相互关系。掌握船舶机电设备的维护和保养知识,包括如何检查设备的运行状态、更换易损部件、进行故障排除等。熟悉海事法规和安全规定,包括船舶在航行、停泊和作业过程中的安全要求,以及在发生故障时应采取的应急措施。

(2)故障诊断与排除技能

应能够快速、准确地判断操舵装置故障的原因,通过观察故障现象、检查设备部件、分析运行数据等方法,确定故障的具体位置和性质。掌握故障排除的方法和技巧,包括更换损坏部件、调整设备参数、修复电路故障等。

(3)应急处置技能

在紧急情况下,能够保持冷静,迅速采取有效的应急措施,如手动控制船舶航向、请求临时锚泊维修、联系海事管理机构等。具备一定的组织和协调能力,能够协同合作,做好应急处置,确保船舶的航行安全。

(4)设备维护与管理技能

应掌握船舶机电设备的维护和管理方法,包括定期检查设备的运行状态、进行保养和维修、制订设备维护计划等。具备设备管理能力,能够合理安排设备的使用和维护工作,确保设备的可靠性和安全性。

【素质培育】

严谨的工作态度。在面对操舵装置故障时,需要以严谨的态度对待每一个细节。从故障的发现、报告到排查和修复,都要求相关人员秉持认真负责的态度,不放过任何一个可能产生问题的环节。这种严谨的工作态度有助于确保船舶的安全运行和故障的有效解决。例如,在检查操舵装置时,需要仔细观察每一个部件的状态,分析可能的故障原因。在手动控制船舶航向时也需要高度专注,确保操作准确无误。

持续学习的能力。具备扎实的专业知识才能有效地应对操舵装置故障。相关人员需要掌握船舶操纵、机电设备等方面的知识,以便在故障发生时能够迅速判断问题并采取正确的措施。船舶机电设备和技术不断发展,相关人员需要具备持续学习的能力,以跟上行业的发展步伐;学生们应通过阅读专业书籍、努力加强课堂学习等方式,持续提高自身的能力。

冷静沉着的心态。在紧急情况下,保持冷静沉着的心态是至关重要的。本案例中,船员在发现操舵装置故障后,能够迅速冷静下来,采取有效的措施控制局面,体现了良好的应急心理素质。引导学生提高应对紧急事件的能力,这有助于他们在压力下作出正确的决策,避免因惊慌而导致操作错误。

研讨题

　　1.操舵装置中复位弹簧的作用是什么？除了复位弹簧断裂,还有哪些因素可能导致操舵装置无法归位至正舵零位?

　　2.假设在故障发生时,没有合适的复位弹簧可供更换,应如何采取措施以确保船舶的安全航行?

　　3.本案例中的故障处理过程体现了哪些职业素养？请结合实际谈谈这些素养在船舶安全管理中的重要性。

第三章　船舶辅助机械

案例1　CO_2系统误操作导致重大伤亡事故

【课程模块】管路系统

【案例简介】

2019年5月25日，某船在维修期间发生 CO_2 泄漏事故，导致10人死亡，19人受伤。

当日1101至1130时，该船船长安排三副查看 CO_2 钢瓶铭牌有关参数等情况。1442时，三副到 CO_2 站查看钢瓶顶部铭牌，由于钢瓶顶部较高，三副看不清楚，于是攀附钢瓶查看，不小心触碰到瓶头阀的开启手柄，导致瓶头阀意外开启，CO_2 进入集流管内。三副听到气流声，于是将瓶头阀关闭，但由于不熟悉阀的结构，实际上并未关紧。之后三副求助厂家如何处置 CO_2 钢瓶，并在厂家的指导下进行放气操作。在操作过程中由于慌乱，三副意外将增压阀打开，导致集流管内的 CO_2 进入驱动管路，瞬间将大量 CO_2 气体排放至机舱。

由于 CO_2 钢瓶非正常开启，没有事先预警和留出人员疏散的时间，导致机舱内作业人员出现重大伤亡。

【案例分析】

发生该事故的直接原因是三副操作不当。间接原因是安全生产制度未落实，人员培训不到位,风险意识淡薄。

船舶固定式 CO_2 灭火系统能够实现对机舱、货舱和油漆间等区域的安全保护,因此在船上应用十分普遍。据不完全统计,目前70%以上的国际航行船舶采用船舶固定式 CO_2 灭火系统。但是绝大部分船员缺乏对该系统的实际操作经验,不熟悉操作程序,部分船员甚至不了解该系统。

船员对船舶固定式 CO_2 灭火系统普遍存在畏惧心理,而对其的相关培训往往流于形式,因此涉及船舶固定式 CO_2 灭火系统的事故时有发生。发生该类事故时, CO_2 浓度会迅速升高, CO_2 气体蔓延至整个区域。当空气中 CO_2 浓度超过17%时,人在最初吸入 CO_2 的 1 min 内就会失去意识,无法进行有效活动,在 CO_2 淹没区域内的人员很难及时逃脱,因此船舶固定式 CO_2 灭火系统事故往往会造成人员伤亡。

为保障安全,对船舶设备安全管理提出如下建议:

①全面检查。结合事故案例,对全船机电设备进行一次全面细致的检查,确保各类机电设备状态完好,确保有问题能及时发现。

②进一步学习设备使用管理规定。严格按照安全管理体系规定的要求,做好船舶设备的日常维护保养和检测,发现问题及时整改。

③制定防范措施。制定机电设备故障防范措施,加强人员管理和设备管理,切实提高船员的安全意识、责任意识和业务素养。

④加强监管。加强对船舶的监管,特别是在船舶进出港口和航道等重要航段时,严格按要求做好各类检查,确保船舶各类设备均能正常使用。

【知识与技能】

本案例涉及 CO_2 灭火系统的组成原理、 CO_2 灭火系统的使用管理注意事项等知识。在了解理论知识的基础上,应掌握 CO_2 灭火系统的使用管理方法,尤其是牢记相关注意事项,增强灭火系统安全管理的能力。

【素质培育】

团队意识。本案例为一起重大的安全生产责任事故,发生事故的原因是多方面的,其中突出的因素是团队意识和风险意识的欠缺。船长安排三副进入 CO_2 站作业以及三副在第一次误操作之后,均未及时通报相应信息给其他单位,严重缺乏团队意识,自我为中心的思想严重。

风险意识。在知道 CO_2 灭火系统危险性的情况下,缺乏足够的风险意识,未采取安全措施。因此,在操作全船消防系统时,一定要有大局观,牢记操作消防系统是关系全船人员生命安全的大事,切不可随意为之。

研讨题

1.归纳 CO_2 灭火系统的组成原理。

2.如何对 CO_2 灭火系统进行定期维护和检查？维护的重点内容有哪些？

3.结合该案例，你认为应该如何操作以避免这次事故。

案例 2　旋涡泵更换端盖密封圈后吸不上水

【课程模块】船用泵

【案例简介】

某船投入运营多年,使用了 1 台旋涡泵作为压力水柜的供水泵。有一天,该船轮机部门人员发现该旋涡泵运行时漏水、停机时不漏,压力水柜尚能正常工作。管理人员进行检查发现是旋涡泵端盖与泵体连接处泄漏,初步估算泄漏量为 100～120 滴/秒。该船组织人员对端盖密封圈进行了更换,更换过程比较顺利。更换完毕后起动旋涡泵,旋涡泵能够顺利起动,但发现吸入真空表与排出压力表的读数均为 0,压力水柜无法上水。

【案例分析】

本案例对旋涡泵进行了简单的拆装,更换了密封圈。这本身是一个简单的操作,更换过程也比较顺利,但最后泵起动时却无法吸水。

首先,从泵的吸入真空表与排出压力表的读数均为 0 可以判断得出,旋涡泵没有吸排液体。其次,更换密封圈之前,除泄漏外,旋涡泵尚能正常工作,说明该泵的吸入管路没有问题,不存在漏气、破损、吸空等故障。最后,基本确定导致吸入真空表与排出压力表读数均为 0 的原因为泵没有实现自吸。密封圈的更换,导致泵内存水被放空。而装复后,管理人员未进行灌水操作就直接起动旋涡泵,导致无法自吸,压力水柜无法上水。

解决的办法为往泵内灌水后再起动旋涡泵。

【知识与技能】

本案例涉及旋涡泵的结构原理、旋涡泵的自吸等内容。旋涡泵是一种特殊的离心泵,根据使用叶轮形式的不同可分为闭式旋涡泵和开式旋涡泵,其中,开式旋涡泵虽然具有自吸能力,但需要在起动前保持内部有一定的液体。通过对案例的学习讨论,应能够掌握旋涡泵的自吸原理,会排查泵没有吸排液体的原因。

【素质培育】

周密思考,有始有终。通过对该案例的故障表现及解决过程的学习,教育学生在解决问题时,要周密地思考,不能因为前期比较顺利,就马虎大意,导致在最后一步犯错,从而又产生新的问题。做事情要有始有终。

研讨题

1.旋涡泵的主要结构原理是什么?
2.旋涡泵起动前为什么要进行灌水操作?
3.简述旋涡泵和离心泵的相同点和不同点。

案例 3　更换过滤器滤芯后未浇油起动滑油泵

【课程模块】船用泵

【案例简介】

某船轮机部门人员在进行设备例行检查时,发现主机滑油预供泵起动后的吸入压力明显偏低,于是判断该滑油预供泵的吸入过滤器脏堵,经上级同意后,对该过滤器的滤芯进行更换。更换过程较为顺利,更换完毕后管理人员起动了该泵,发现吸入压力未能建立,排出压力为0,运转声音也感觉很空。管理人员认为可能是管路出现故障,吸油可能需要一段时间,但运行了5 min后,泵依然没有建立压力。于是,管理人员将滑油预供泵停机,准备仔细排查原因,并向轮机长做了汇报。

轮机长知悉后,判断管理人员未浇油进行起动,导致滑油预供泵干转,配合间隙增大,自吸能力下降。管理人员进行浇油后起动滑油预供泵,但发现排出压力相比保养前降低,并且达不到主机预供压力的要求,滑油预供泵无法使用,只能进行换新,造成了一定的经济损失。

【案例分析】

滑油预供泵的作用是在主机起动前,预先向主机需要润滑的部位提供润滑油,防止主机于刚起动的瞬间出现干摩擦或者半干摩擦,延长主机的使用寿命。由此可见,滑油预供泵是非常重要的设备,是主机安全顺利工作的保障之一。在本案例中,管理人员根据吸入压力偏低的故障现象,作出更换吸入过滤器滤芯的决定,这个思路是正确的。

滤芯更换过程很顺利,但是完成后却出现未浇油就起动的错误操作,反映了该管理人员的维护经验不足、安全意识不够。滑油预供泵为齿轮泵,属于回转式容积泵,具有一定的自吸能力。常见的齿轮泵为外啮合齿轮泵,摩擦面较多,且端面间隙的大小对容积效率的影响大,因此在第一次起动或者维修后首次起动前,应当保证泵内存有油液。在第一次起动或维修保养后首次起动前,工作人员必须进行灌油操作,避免齿轮泵发生干摩擦。本案例中,齿轮泵在没有油的情况下干转了 5 min,造成端面、齿轮间的异常磨损,容积效率大为下降,排出压力不足。

【知识与技能】

本案例涉及齿轮泵的结构原理、齿轮泵的使用管理等内容。通过对案例的分析讨论,应掌握齿轮泵使用管理的要点,能够分析齿轮泵不能吸排液体的原因,提升齿轮泵的维护管理能力。

【素质培育】

认真细致。通过对案例的学习,引导学生在解决问题时考虑得更加细致,避免解决了一个问题却导致另外一个问题出现。

稳扎稳打。在日常管理工作中,应当注意经验的积累,将经验不断转化为自身的能力素质,认真思考,稳扎稳打,确保设备维护管理的安全稳定。

研讨题

1.外啮合齿轮泵的主要结构原理是怎样的？

2.齿轮泵首次起动前为什么要进行灌油操作？

3.在齿轮泵的使用管理过程中,还有哪些需要注意的事项？

案例4　更换轴封后海水泵起动出现停机

【课程模块】船用泵

【案例简介】

某船的日用海水泵采用的是填料函轴封方式。某日该泵在运转时,漏水量突然加大。经检查,发现水是沿着泵轴向外面冒水,同时排出压力降低。停机后,泄漏量虽有所缓解,但仍然持续滴漏。

管理人员判定,该海水泵出现了轴封损坏,于是对海水泵实施更换轴封的操作。更换完毕后,管理人员再次起动海水泵,电机出现了停机报警,提示过载保护。

【案例分析】

日用海水泵采用填料函轴封方式,一般使用寿命为半年左右,需要定期更换。本案例中,日用海水泵轴封漏水,管理人员对轴封进行了更换。更换之后再次起动,电机却出现过载现象。

通过停机后盘车检查,发现泵轴转动沉重。原因是机工在安装新填料时,因担心再次泄漏,误认为填料压得越紧越好,过分拧紧填料压盖的螺母,导致泵轴转动时摩擦力太大,发生电机过载现象。需要注意的是,一般泵在起动前均需要盘车检查,如发现转动沉重,在排查原因后方可起动。

该故障的处理方法为适当拧松填料压盖的螺母,盘车检查,待泵轴转动沉重感明显减轻后,再试车。

该日用海水泵使用了5道填料函密封圈,在安装时,需注意将相邻填料函的密封圈缺口错开 120°~180°,同时注意不可压得太紧,适当拧紧即可,如果试车发现泄漏量超标,可再适当拧紧一些。一般轴封需要有少量的泄漏,每分钟泄漏量不大于60 滴为正常。

【知识与技能】

本案例涉及泵轴封的原理、轴封更换的注意事项等内容。泵的轴封通常采用两种方式,一为填料函密封方式,二为机械密封方式。通过对案例的学习讨论,应掌握轴封更换的方法以及更换过程中的注意事项,提高船用泵的日常维护管理能力。

【素质培育】

适度原则与平衡观念。由于冷却和润滑的需要,离心泵的轴封应当有适度的缝隙,由此引导学生懂得适度原则,树立平衡观念。比如,适度投入能让兴趣成为滋养心灵的清泉,过度沉迷则可能使其沦为荒废学业、阻碍成长的泥沼。

研讨题

1.泵的轴封为什么需要有少量的泄漏?
2.归纳更换填料函轴封的注意事项。
3.分析填料函轴封的优缺点。

案例 5　消防泵出现剧烈振动和噪声被迫停机

【课程模块】船用泵

【案例简介】

某船消防泵运行初期平稳,未发生异常现象。投入运营 13 年后,某日该船消防泵在工作时有噪声出现,类似气泡破裂声音;消防泵有轻微振动,压力表指针和电流表指针摆动,但吸入压力和排出压力均在正常范围内。管理人员未分析原因,也未采取措施处理。随着时间延长,振动没有减轻,反而持续加重,消防泵起动后流量无法控制,泵身剧烈振动,噪声较大,压力表和电流表指针大幅摇摆,消防泵被迫停机。

管理人员拆开该泵的端盖后,发现叶轮已被严重破坏,出现了裂纹、凹坑、局部破损等现象,故障原因查明。叶轮受到了严重的汽蚀破坏,导致泵无法正常工作。

【案例分析】

船舶消防泵通常使用离心泵。离心泵的主要部件包括叶轮、泵壳、压出室等,其中叶轮是运动部件,通过高速旋转将动能传递给液体。由于离心泵的流量和扬程主要取决于叶轮的直径和转速,结合案例中描述的现象,可以判定问题出在叶轮上。

消防泵工作时发出类似气泡破裂声音,表明为液体噪声,并可排除机械方面的噪声。初期汽蚀现象并不严重,只出现轻微振动,未引起管理人员的重视。后来,汽蚀现象导致叶轮损伤严重,结合指针大幅摆动,可认为流量和扬程已经无法控制,泵无法工作。

离心泵发生汽蚀现象的常见原因如下:

①吸入空间液面下降或高度不够;

②大气压力低;

③系统内压力降低;

④介质浓度升高,饱和蒸气压变大,介质容易汽化;

⑤流体流速增加,阻力损失加大;

⑥吸入管路阻力大,这一点主要取决于泵的结构和管路安装是否合理;

⑦吸入管漏气。

本案例中,叶轮损伤严重,泵已无法工作。解决的方法是更换新的叶轮,并调定好配合间隙。

【知识与技能】

本案例涉及离心泵的结构原理、离心泵的汽蚀原理及现象等内容。通过对案例的学习讨论,应掌握离心泵叶轮发生汽蚀的原因,学会判断和处理离心泵的汽蚀现象,提高离心泵的日常维护管理能力。

【素质培育】

精益求精。这个案例说明,装备的严重故障不是一朝一夕形成的,前期往往存在着一定的安全隐患或者是外在的轻微表现。这就要求我们有精益求精和认真细致的态度,及时发现问题隐患,确保装备运行安全。在日常工作和生活中,我们也要做好安全工作,及时消除隐患,降低发生安全事故的概率。

1.离心泵的汽蚀机理是怎样的?

2.如何判断离心泵是否发生了汽蚀现象?

3.简述离心泵日常维护管理的注意事项。

案例6 日用海水泵叶轮进口脏堵

【课程模块】船用泵

【案例简介】

某船配置了2台日用海水泵给压力水柜供水。某日其中1台日用海水泵在工作中出现了振动和噪声,吸入真空表显示有较大真空,排压表显示压力较小。经检查,泵的驱动电机转速和转向均正常,吸入阀和排出阀均正常打开。管理人员初步认为是吸入滤器出现了堵塞现象,拆开后发现滤网有附着物,即对其进行了清洗。装复后,日用海水泵灌水起动发现吸入真空表显示正常,但排压仍然不足,噪声也未消除,未从根本上解决问题。

管理人员拆开该泵的端盖后,发现叶轮进口处有脏物,导致离心泵的吸入不够充分。经对叶轮进行清洗、装复后试车,排出压力显示回归正常。

【案例分析】

船舶日用海水泵通常使用离心泵。离心泵的主要部件包括叶轮、泵壳、压出室等,其中叶轮是重要部件,有闭式、开式、半开式之分。液体通常被轴向吸入至叶轮内部,从叶轮顶端沿径向排出。案例中,离心泵的吸入压力指示有较大真空,同时排出压力偏小,其原因通常为吸入管路系统堵塞。

吸入管路容易堵塞的部件一般为通海阀、吸入过滤器等。若通海阀脏堵,一般可用压缩空气进行吹除;如果吸入过滤器脏堵,可人工拆开进行清洗保养。

本案例中描述的现象符合吸入管路脏堵所引起的故障特征,管理人员的故障排查方向是正确的。清洗、保养吸入过滤器确实解决了吸入压力显示异常的问题,但没有解决排出压力偏低的问题。这表明吸入部分仍然有脏堵,且脏堵很大可能出现在泵的内部。拆开该泵的端盖后,果然发现叶轮进口处有脏物,故障原因被找到。

叶轮进口脏堵是导致排压过低的原因之一,该问题发生的概率不及吸入过滤器脏堵引发故障的概率高,但是也不能忽视。在叶轮拆装过程中,管理人员要注意做好保护措施,尤其是叶轮与泵轴之间的定位键安装要正确。

【知识与技能】

本案例涉及离心泵的叶轮结构原理、离心泵吸入管路堵塞的故障现象及排除方法等。通过对案例的学习讨论,应掌握离心泵吸入管路堵塞的常见原因,学会判断和处理吸入压力和排出压力异常的故障情况,提高对离心泵的日常维护管理能力。

【素质培育】

勤奋刻苦。提高业务能力,打牢装备维护管理技能的基础,做到日常勤学、勤练、勤积累,付出汗水才会有收获。

业精于勤荒于嬉。在日常工作和生活中,要做好自身业务知识的学习,积极参与专业技能训练,善于积累总结维护保养经验,从泵的仪表读数分析和判断装备的运转情况,提高分析问题和解决问题的能力,满足工作岗位的需要。

研讨题

1.离心泵吸入管路堵塞会有哪些表现?

2.如何处理离心泵的叶轮进口脏堵?

3.分析研究离心泵排出管路堵塞后的故障表现。

案例 7　小型供水泵保养后流量不足

【课程模块】船用泵

【案例简介】

某船配置了 1 台单级离心泵作为淡水供应泵。在进厂修理期间,该泵进行过拆装保养。后在试验期间,船员发现该泵出口压力很小,吸入真空表显示也不足,并出现一定的异常摩擦声音,于是立即停机。船员和维修人员均表示,泵不能再次起动,需排查原因。

该泵在起动前已经灌水,可基本排除自吸方面的问题。加上刚拆装保养不久,维修人员认定泵本身没有问题。维修人员首先怀疑泵吸入管路密封性不好,可能吸入了大量空气,但经过排查,密封性完好,吸入管也并未露出液面;其次排查了泵的轴封,发现轴封也无异常;最后手动盘车检查,也没有发现异常。维修人员只能转而检查泵的内部情况,拆开该泵的端盖后,检查密封环的间隙,经测算间隙符合要求;再次检查叶轮的安装情况,将叶轮锁紧螺母拆下、取下叶轮后,发现泵轴的槽内没有定位键。

经了解,由于维修人员疏忽,不遵守拆装规则,在安装叶轮时忘记将定位键放回槽内,导致离心泵的叶轮和泵轴之间打滑,叶轮转速上不去。离心泵无法建立足够的压力,同时由于打滑,发出摩擦声音。

【案例分析】

本案例是典型的人为因素导致设备故障的案例。作为管理人员或者维修人员,应当具有良好的设备拆装习惯,勤做标记,拆下的零件应按照顺序依次排放,装复的时候按照拆卸相反的顺序进行安装,不得遗漏零件。

从故障现象可以看出,两个表的压力都很小,说明流量不足,难以满足使用要求。由于之前所有人都未意识到定位键的问题,加之设备刚刚保养,因此从密封性着手检查,思路是正确的。因为故障现象符合吸入密封性不好的特征,排查步骤比较有针对性,即先检查外部,再检查内部。

但维修人员在拆开离心泵后选择进行密封环间隙测量,这属于多余的排查行为。因为如果密封环间隙太小,盘车应该会比较沉;如果密封环间隙较大,虽然压力会偏低,但不会有摩擦声。作出这样的选择说明维修人员的经验不足,浪费了时间和精力。

【知识与技能】

本案例涉及离心泵的结构原理、离心泵流量不足的原因分析等内容。通过对案例的学习讨论,应学会判断和处理吸入压力和排出压力异常的故障;同时通过举一反三,提升船舶机电设备的拆装技能,为岗位适任打下扎实的基础。

【素质培育】

认真细致,精准分析。一是要遵守规章制度,切不可自以为是;二是要认真细致,对任何一个微小的部件,都不能忽视,必须装复到位;三是要精准分析,结合故障现象缩小排查范围,不断积累经验,提高工作效率,为船舶安全运行贡献力量。

研讨题

1.导致离心泵流量不足的因素有哪些?

2.离心泵可能产生摩擦声音的部位主要有哪些?

3.通过举一反三,分析归纳船舶辅助机械的拆装规则。

案例8　空压机缺油运转导致供气无力

【课程模块】空气机械

【案例简介】

某船配置了2台3级水冷空压机,分别位于前后机舱。该型空压机排出压力约为15 MPa,用于向空气瓶充气,保障主机起动,压力水柜充气,鸣笛、厨房油灶等用气。某日,该船因船龄较高,拟靠码头进行1个月左右的休整,并开展设备保养工作。后机舱空压机设备管理责任人徐某请假离船休息,休息期间该空压机由另外一名船员李某负责管理。

由于该船靠码头期间仍然需要向压力水柜和油灶供气,因此空压机的使用较为频繁。某日,该空压机运行期间冒出白烟,管理人员李某紧急采取停机措施。停机后李某检查发现,该空压机机器过热,机身发烫,冷却不良;打开曲轴箱两侧端盖,发现润滑油位严重不足。

李某重新加入润滑油后起动空压机,发现供气无力,空气瓶压力只能勉强达到 1MPa 左右,无法满足使用要求。

【案例分析】

从空压机最终的故障现象可以看出,该空压机在缺油的状态下已经运转了一段时间,部件温度升高,将冷却水加热成了水蒸气,导致出现冒白烟现象。活塞、气缸和气阀等部件已经磨损严重,配合间隙已经严重超标,供气无力。

事后经复盘,李某在徐某休假期间,每次起动空压机均没有进行滑油油位的检查,没有及时发现缺油现象。徐某在休假前交接时,只说空压机油位正常,未强调起动前检查滑油油位的重要性。李某掉以轻心,思想上不重视,认为时间较短,不检查也没有问题,致使空压机发生故障。

该空压机采用的是飞溅润滑方式,在运行期间滑油会跟随空气进入空气瓶,且 2 级、3 级气缸的润滑需要依靠吸取曲轴箱的油雾,因此运转过程中滑油会不断消耗。作为管理人员,应当密切关注空压机的滑油油位。

本案例是一个较为典型的管理人员马虎大意导致设备故障的案例。作为管理人员,应当具有良好的设备操作习惯,勤做检查,尤其是起动前的检查,宁可多重复检查一次,也不能忽略检查的重要性。空压机滑油的检查通常有两种方式,一是通过油尺检查;二是通过曲轴箱观察镜检查。具体方式依据空压机具体的配置而定。

【知识与技能】

本案例涉及空压机的润滑原理、空压机起动前的检查等。通过对案例的学习讨论,应掌握空压机的润滑原理、空压机起动前的检查步骤;同时通过举一反三,吸取教训,将起动前的检查做实做细,提升设备使用管理技能。

【素质培育】

认真细致,脚踏实地。一是通过该案例中忽略起动前的检查,总结出要认真细致做好每一项工作;二是针对李某的"想当然"思想,要吸取教训,明白任何起动前的检查都不能忽视,必须脚踏实地,不能好高骛远和麻痹大意。

1.空压机的润滑方式有哪些?

2.空压机的冷却方式有哪些?

3.以某型空压机为例,分析起动前应当做好哪些检查。

案例9 辅锅炉自动点火失败

【课程模块】辅助锅炉

【案例简介】

某船上使用的辅锅炉为组合锅炉,由燃油锅炉和废气锅炉组成。锅炉燃烧器采用旋杯式喷油器,该型喷油器的优点是只需改变进油量便可达到调节的目的,且可以燃烧重油,不用担心喷油器堵塞的问题。

某日开始,该锅炉自动点火出现异常。具体现象如下:

在自动模式下,锅炉使用普通柴油时,自动点火燃烧功能正常,但使用重油时,自动点火经常失败。在手动模式下,锅炉使用重油时,点火前先把流量阀流量调大,并在点火按钮亮时多按一定的时间,同时打开主油路按钮,能够成功点火。在手动点火成功后,锅炉停炉并立刻转换自动燃烧模式,基本也能自动点火成功。如在正常燃烧情况下自动停炉,下次再在自动模式下起炉点火,基本上不能成功,提示"火焰失败"报警。

【案例分析】

在该案例中,因锅炉使用普通柴油自动点火燃烧,且根据控制箱面板报警指示灯显示,使用重油失败只是"火焰失败"报警,并没有其他引起报警显示,可排除因供风系统故障、安全保护装置不起作用、普通柴油点火油路故障和火焰监控系统故障等引起点火燃烧失败的原因。

由上可以推断,自动点火失败主要是使用重油引起的。该船锅炉主要使用重油燃烧,但由于重油黏度大、杂质多,起动时如果全部使用重油,难以点火成功。

在自动模式下使用重油燃烧时,停炉前轻油泵会再次起动,电磁阀打开,应进行30 s的混油后再停炉(手动模式不会进行混油操作)。因为燃烧器前这段油路不循环,如果停炉前不进行混油操作,若停炉时间较长,就会因油温太低而造成点火失败。手动点火时,点火按钮灯亮时要多按一些时间让这段油路里的油消耗掉,这样就能点火成功。此时如果立刻转为自动模式,点火燃烧也会成功。

锅炉手动点火成功后,停炉并立刻转自动模式起炉燃烧。当蒸汽压力达到设定值自动停炉后,拆下燃烧器旋杯前的燃油软管,检查发现管内全是重油,没有轻油。这说明在上次自动停炉前没有进行混油操作,这是导致锅炉自动模式下重油点火失败的主要原因。

管理人员对相关管路进行排查,最终确定故障原因是单向阀脏污卡阻,管路不畅通,停炉后轻油无法进入燃烧器前的燃油软管。管理人员将单向阀拆下后进行清洁,确认活动正常后装复,重新试验自动模式下点火燃烧直至自动停炉,拆下燃油软管进行检查,发现管内充满轻油,至此故障排除。

【知识与技能】

本案例涉及锅炉燃烧器的原理、锅炉的点火燃烧过程、锅炉的自动控制等内容。通过对案例的学习讨论,应掌握锅炉燃烧器的结构原理,学会分析锅炉点火失败的原因,提升锅炉维护管理水平。

【素质培育】

不怕困难。现代锅炉的自动化程序比较复杂,要善于从复杂的系统中找到产生问题的原因,不怕困难,反复研究,做到融会贯通。

追求真理。感悟追求真理的精神力量,多看设备说明书,结合故障现象不断探索,培养有效排除故障的能力,确保设备处于良好状态。

 研讨题

1.锅炉的燃烧器具有哪些自动控制功能?

2.锅炉冷态点火的注意事项有哪些?

3.结合某型锅炉,分析归纳锅炉点火失败的常见原因。

案例 10　生活污水处理装置水位控制失灵

【课程模块】船舶防污染装置

【案例简介】

某船的主要参数为:长 70 m,宽 14.2 m,总吨位 1 944 t,载重 1 450 t。该船可用于拖曳破冰、海上补给和备用。按规定,该船舶最多可容纳 30 人,但实际搭载 16 人,日常巡航速度为 11 kn,最大设计航速为 14.2 kn。

该船配备了生活污水处理装置,该装置包括本体、真空泵组、粉碎泵、气泵、排放(流程)泵、控制箱、紫外线消毒器、液位开关、膜组、加药泵等,用于收集并处理来自真空马桶的生活污水。该装置每日能够有效处理约 30 人日常生活中产生的污水,处理容量为 2 310 L/d。该装置占地面积为 3.84 m²,宽为 1.6 m,长为 2.4 m,高为 1.7 m。

该船属于在 2012 年 1 月 1 日或之后安装(或更换)生活污水处理装置的船舶,根据《船舶水污染物排放控制标准》(GB 3552—2018),该船排放到环境水体中的污染物必须符合以下标准:悬浮物(SS)≤35 mg/L,5 天生化需氧量(BOD$_5$)≤25 mg/L,化学需氧量(COD)≤125 mg/L,耐热大肠菌群数≤1 000 个/L,酸碱值(PH)为 6~8.5。

某日,该船生活污水处理装置被设置为自动运行模式。管理人员巡视机舱时发现,生活污水处理装置清水柜的排放泵一直运转,但显示排出压力很小,触摸泵体有发热现象,查看管路系统未发现泄漏,于是将生活污水处理装置停机。过了 10 min,管理人员重新起动生活污水处理装置,发现排放泵压力正常,但没过多久又出现类似现象。轮机长掌握该情况后,判断装置液位检测元件失效,组织人员拆下清水柜的液位感应元件,发现液位浮子被异物堵塞,不能动作,致使液位下降到最低液位后,排放泵仍然无法停机,直至干转。

清除异物后,管理人员重新试机,装置恢复正常。

【案例分析】

船舶污水处理是对船舶生活污水进行处理的过程。船舶生活污水,是指船舶上厨房、餐厅和船员居住区等区域排放出来的污水,通常含有有机物、有害微生物等物质,未经处理排放会对海洋环境造成污染,破坏海洋生态。各国政府和相关国际组织对于船舶污水处理的要求越来越高,我国也陆续推出了一系列法规及标准,如《船舶水污染物排放控制标准》(GB 3552—2018),规定了船舶污水排放的标准和要求。

一般情况下,船舶生活污水处理装置处于自动运行模式。它采用液位浮子来控制排放泵的自动启停,也就是高液位自动运行、低液位自动停机。因此,液位浮子对于设置为自动运行的装置来说尤为重要,它的正常与否,将影响整个生活污水处理装置自动化系统的运行。在实际管理中,液位浮子处于设备内部,管理人员往往无法判断其是否为正常状态。在正常情况下,清水柜液位浮子分别处于"高液位"与"低液位"时,排放泵相对应地起动或停止。但是,当液位浮子在柜体中被污染物堵塞时,液位浮子将会一直处于"高液位",即使液位低,位置也不会改变,导致排放泵一直处于持续运行的状态。

本案例中的故障现象符合排放泵干转的故障特征。管理人员停机后排放泵压力有一段时间恢复正常,是因为停机一段时间后,液位上升,排放泵处于正常排水状态,只有等液位下降才会出现排出压力小、触摸泵体发热的现象。需要注意的是,排放泵不能一直干转,否则可能导致排放泵磨损甚至损坏,最终无法正常工作。

【知识与技能】

本案例涉及生活污水处理装置的结构原理、液位自动控制原理、生活污水的处理标准等内容。通过对案例的学习讨论,应能够分析液位自动控制失效的原因,根据故障原因提出解决方法,提升船舶设备维护管理的能力。

【素质培育】

甘于吃苦、乐于奉献。生活污水处理装置主要处理的是船舶人员日常起居产生的污水,在维护保养时的突出特点是工作环境脏、有异味,因此作为设备管理人员需要具备甘于吃苦、乐于奉献的精神,在工作岗位上找到自身的定位和价值。

研讨题

1.采用生物化学法进行生活污水处理的装置,其结构原理如何?

2.简述生活污水处理装置的排放标准。

3.结合某型生活污水处理装置,分析归纳判断自动控制元件失效的方法。

案例 11　冷库蒸发器供液不足

【课程模块】船舶制冷与空调

【案例简介】

船舶冷库具有多变量、多状态、参数变化大、易被干扰、强耦合、强时变和时滞长等特点。船舶冷库一般采用蒸汽压缩式制冷运行,主要由压缩机、冷凝器、膨胀阀和蒸发器四大部件组成。

某船鱼肉冷库的温度为-20~-15 ℃,菜库的温度为 2~6 ℃,冷库制冷过程约 2 h,菜库制冷过程约 1 h,保温时间为 1~2 h,所用制冷剂为 R22。

该船开航后几天,主管轮机员发现 2 号压缩机的吸入压力一直偏低,鱼肉冷库蒸发器后部霜层融化,温度降不下来,查看热力膨胀阀表面和管路连接处发现并未结霜;更换 1 号压缩机使用,现象依然如故。

【案例分析】

在压缩机长时间运行的情况下,冷库温度却无法下降到标定温度,其根本原因在于制冷装置制冷量不足或冷库热负荷过大。

本案例故障现象符合蒸发器供液不足的故障特征,可以从以下几个方面进行分析:

①制冷剂不足。这意味着蒸发器出口制冷剂过热、蒸气量大,相当于蒸发器面积未充分利用或蒸发器偏小,系统不匹配,降温困难,制冷装置无法正常工作。系统运行时,应观察贮液器的液位镜,如果发现液位不足 1/3,应该补充制冷剂。制冷剂不足时,在液管上的液位指示镜中可见到液流中夹有大量气泡。

②液管及附件发生冰塞。制冷系统中的氟利昂含水较多时,若节流降压后温度降到 0 ℃以下,水的溶解度会显著降低,导致析出而结冰,在流道狭窄处形成"冰塞"。这种现象常出现在膨胀阀或较细管路处。当冰塞尚未完全堵死通道时,蒸发器的制冷剂流量减少,出口过热度增加,制冷效果降低。冰塞处流道狭窄产生节流降压,其后面管道必然结霜。想要防止冰塞,应及时更换失效的干燥剂,防止湿气和水分进入系统,经常放残和释放不凝性气体。

③液管及附件出现脏堵。由于设备运行部件的相互摩擦、滑油的氧化分解等作用,酸性物质、固体杂质、金属颗粒或其他杂质污物生成,引发制冷装置管路局部脏

堵,造成制冷剂流量不足、吸入压力降低、吸气热度增加和压缩机长时间运转等。应注意检查相关运动部件的工作状况,定期拆卸并清洗干燥器和油滤器,以确保系统管路畅通无阻。

④某些阀门未开足,冷凝压力过低,冷却水的流量过大或温度过低。比如,膨胀阀安装不当、调节过紧或温包填充剂漏失;系统中的润滑油过多,导致流经膨胀阀的制冷剂流量减少或者使蒸发器管路局部堵塞,吸入压力低且有波动。

针对该案例,要结合实际情况逐一确认原因。需要判断是何种因素引起的供液不足。由于更换压缩机工作,故障现象未消除,可基本排除压缩机出现问题的可能性。结合膨胀阀表面未结霜,也可排除膨胀阀可能出现的冰堵或脏堵问题。最可能导致问题出现的因素为系统中制冷剂不足,解决方法为添加制冷剂,在添加时要注意防止空气进入系统。

通过补充制冷剂,冷库故障现象消失。

【知识与技能】

本案例涉及压缩式制冷的基本原理、冷库的一机多库原理、蒸发器出现供液不足的原因等内容。通过对案例的学习讨论,应能够分析制冷装置蒸发器供液不足的原因,并能提出相应的解决措施,提升对制冷装置管理维护的能力。

【素质培育】

团队意识。船舶冷库是储存食品的重要装置,关系着全体船员的正常生活和人身安全,绝不能掉以轻心。冷库出现故障,工作人员要有团队意识和大局意识,尽快解决故障。

不怕困难。制冷装置的故障处理具有一定的复杂性,维修过程中高温、高湿、空间狭窄等不利条件也会增加操作难度,考验着维修人员的体力与耐力。通过该案例,教育引导学生不要害怕困难,不要逃避挑战,正是这些困难和挑战,锤炼了我们的意志,塑造了坚韧的品格。每一次在恶劣环境下对故障的成功修复,都是一次自我超越。

研讨题

1.简述压缩式制冷装置的结构原理。

2.如果冷库的制冷量不足,应该从哪些方面进行分析?

3.分析比较制冷剂不足和膨胀阀冰塞之间的故障差异。

案例 12　制冷压缩机排气压力偏高

【课程模块】船舶制冷与空调

【案例简介】

某船冷藏装置采用蒸气压缩式制冷原理,其中压缩机为活塞式制冷压缩机,冷凝器为海水冷凝器,节流元件采用热力膨胀阀。本冷藏装置以 R404A 为制冷工质,用于客货船的食品保鲜。其主要功能是使冷冻库保持在−18 ℃的低温,维持鱼肉等食品保鲜所需的温度。

在某任务航次中,主管轮机员在值班时发现制冷压缩机的排出压力(高压侧)偏高,吸气压力也有所偏高,但尚未达到报警值。管理人员首先怀疑是否有空气混入系统,在对海水冷凝器实施放气操作后,继续观察设备状况。两天后该现象继续加重,冷却海水泵出口压力也有所偏高。最后,制冷压缩机排气压力超过 1.67 MPa,系统报警,压缩机停机,低温冷风机和冷却海水泵相继停机。

【案例分析】

该案例中冷藏装置所采用的制冷压缩机排出压力偏高,可从以下几个方面进行分析:

(1)空气是否混入制冷系统

如果空气混入制冷系统,由于空气无法冷凝,会导致制冷压缩机排出压力偏高。但空气混入制冷系统,不会导致冷却海水泵出口压力偏高。结合该案例的故障现象,可排除空气混入制冷系统的可能性。

(2)制冷剂过多

系统中制冷剂过多,会导致制冷剂循环量加大,海水冷凝器来不及冷凝,排气压力会偏高,同时导致吸气压力也偏高。但是制冷剂过多,并不会使冷却海水泵出口压力偏高。

(3)冷凝能力不足

导致冷凝能力不足的原因主要是冷却水流量不足或温度过高、冷凝器结垢等。在实际航行中,海水温度的变化不是很大,因此,发生故障的原因很可能是冷却水流量不足。

本案例中的故障现象符合冷却水流量不足的故障特征。导致流量不足的原因有好几种,有可能是海水泵流量不足、冷凝器堵塞或者是冷却水阀没有开足。由于海水泵的压力偏高,可以排除海水泵流量不足这一因素,应重点检查排出管路是否有堵塞、冷却水阀是否开足。

经最终排查,确认是冷凝器海水管路堵塞,需要对冷凝器进行疏通,同时清洗海水泵的过滤器。

【知识与技能】

本案例涉及压缩式制冷的基本原理、制冷压缩机排气压力偏高的常见原因等内容。通过对案例的学习讨论,应能够分析制冷压缩机排气压力偏高的原因,并找到有针对性的解决方法,提升对制冷装置管理维护的能力。

【素质培育】

沉着冷静。船舶冷库是储存食品的重要装置,关系着全体船员的正常生活和人身安全。出现报警,绝不能慌乱,应保持沉着冷静,应用所学的知识和技能尽快解决故障。

攻坚克难。制冷系统的故障处理较复杂,学生要有攻坚克难的勇气,在面对困难和挑战时,要坚定信心、勇往直前,不畏艰难险阻,不断寻求解决问题的方法和途径。攻坚克难的勇气对于个人成长和社会进步都具有重要意义。

防患于未然。制冷装置出现故障时有发生,要重视对故障苗头的捕捉,把问题消灭在萌芽状态,防患于未然。

 研讨题

1.简述压缩式制冷装置的结构原理。

2.制冷压缩机如果排出压力偏高,应该从哪些方面进行分析?

3.分析比较制冷剂过量和冷凝器堵塞所导致的故障现象有何差异。

案例 13 某船起重机刹车故障分析

【课程模块】液压装置

【案例简介】

某船在港口起重机装货,操吊的船员将起重机吊臂放好,关掉电源。在爬下起重机时,其发现绞车油槽中有很多泄漏的液压油,随即将情况汇报给轮机长。轮机员上起重机检查,发现大钩头钢丝绞车驱动端两个液压马达下侧的连接法兰根部漏油,且刹车本体表面油漆已被高温烤煳。轮机员用点温枪测量该部位温度显示为52 ℃,此时已经距离起重机停用18 h;测量绞车齿轮箱油位,齿轮油已经明显减少,因此可以确认泄漏的油为齿轮油,而不是液压油。漏油的原因应该是驱动端连接法兰处的密封件因温度过高而损坏。

【案例分析】

从该案例的故障现象可以判断,液压马达驱动端连接根部漏油,是传动机或刹车故障后发热,导致法兰连接密封件损坏引起的泄漏现象。

由于漏油只是故障结果,而不是故障原因,因此需要查明问题的根源。从油漆被烧坏的部位看,发热严重部位为驱动机构的刹车本体。导致故障的原因可能有:

(1)刹车油方面

当刹车油压不足或油量不够时,传动机开始转动,但刹车没有打开或不能完全打开,刹车盘片之间摩擦产生大量热量导致出现高温。

(2)刹车油缸方面

刹车油缸的运动部件如果卡死在非完全打开的位置,刹车油的压力或弹簧的弹力将无法推动运动部件,使得刹车盘之间一直处于接触状态,因摩擦出现高温。

(3)刹车盘方面

如果刹车盘出现破损,破裂脱落的碎屑会落入盘面之间,形成颗粒磨损,产生摩擦热。

(4)传动轴套上的齿轮磨损

内侧刹车盘片是套装在传动轴套上的,其传动轴套一端和液压马达输出轴相连,另一端和齿轮箱上的动力轴相连,都是齿轮连接。齿轮面损坏会在传动中摩擦发热。

（5）操作使用方面

在正常情况下,本案例中的起重机装载45 t以下的货物时,应该换用小钩头,减少功率损耗的同时可提高操作速度。当时小钩头的滑轮出现故障,码头工人只能长时间使用大钩头进行吊装作业,且经常快速变换钩头升降状态,导致发热。

为了明确故障的具体原因,确认损伤的具体部位,需要起动起重机做进一步的判断:

（1）先起动起重机,观察故障部位的运转状态

大钩头绞车齿轮箱内的油已经泄漏很多,为了避免因齿轮箱缺油导致齿轮损坏,先补充齿轮油到正常液位。操作大钩头升降手柄,滚筒正反转动均正常,原漏油点漏油量变大。运转几分钟后,测量刹车本体表面温度,结果显示温度已经明显上升。

（2）检查刹车油压力

在刹车油路上安装一块压力检测表,操作大钩头升降手柄,观察滚筒在转动前刹车油压的变化。刹车油路在滚筒转动前建立油压,达到36 bar,刹车油压正常。由于绞车上有2个液压马达,刹车油经过控制阀后,分两路进入2个绞车液压马达的刹车油缸,所以将有问题的一路液压油管拆下检查,确认管路是畅通的,因此刹车油应该不是问题根源。

（3）检查刹车盘腔室内是否有油

将刹车泄放油口上的通风过滤器拆下,发现有黑色黏稠的滑油流出,这属于非正常的现象。泄放油口有两个作用,一个是检查内部是否有泄漏,另一个是保障腔室的"呼吸",避免刹车油缸动作时产生阻尼。泄放油口上安装的这个通风过滤器,不但可以泄放油,还可以防止外部污染物进入刹车盘腔室内。现在此通风过滤器失去了作用,细密的滤网锈蚀和脏污使其等同于闷头,将渗漏在刹车盘腔室内的油封堵在里面。再次操作大钩头升降,此泄放油口缓慢有油渗出,经确认是齿轮箱油,而非刹车油缸泄漏的液压油。

该刹车盘腔室在充满齿轮油的情况下,刹车时受到阻尼作用会出现滞后现象,导致摩擦发热。故障原因查明,需要更换损伤部件。

维修人员将损伤部位拆开,发现刹车盘片未破碎,但均已严重发黑;传动轴套未磨损,但被高温灼烧呈蓝色。维修人员将内、外侧刹车盘片和轴封全部换新,考虑到刹车油缸上的密封件和传动轴套受高温影响,一并换新;完毕后,更换齿轮油,起动起重机测试,无异常现象。为确保长时间使用时不会出现同样问题,维修人员安排连续使用大钩头8 h,其间测量二个绞车液压马达刹车本体部位温度,温度变化基本一致,起重机恢复正常。

【知识与技能】

本案例涉及起重机刹车装置原理、刹车油温度偏高的原因等内容。通过对案例的学习讨论,应能够分析刹车油温度偏高的原因,并能够开展认真细致的故障排查,结合实际提出有针对性的解决措施,提升对船舶液压装置管理维护的能力。

【素质培育】

细心观察、安全意识。起重机是装卸货物的重要装置。在本案例中,设备出现故障并未在操作过程中报警。如果不是操作人员工作仔细发现了漏油现象、轮机员高度重视,有可能造成更加严重的后果,即齿轮箱内的齿轮油全部漏完后,齿轮传动机构将会全部损坏,驱动轴甚至会断裂等。因此,学生需要在日常管理过程中,养成细心观察的好习惯,善于发现异常现象,并检查处置;要时刻绷紧安全这根弦,不让异常现象发展成更大的故障。

研讨题

1.起重机的工作原理是怎样的?

2.如果起重机的刹车油温度偏高,应该从哪些方面进行分析?

3.分析从该案例中得到的经验启示。

案例 14　某船离心泵轴承温度偏高

【课程模块】船用泵

【案例简介】

某船用离心泵在运行过程中出现故障,导致船舶动力系统受到影响。该离心泵负责将燃油从储油舱输送到发动机,为船舶主机提供燃油。事故发生时,船舶正在海上航行,情况十分危急。

事故发生时,船舶处于高速航行状态。操作人员发现离心泵的出口压力突然下降,同时泵的振动和噪声增大,于是立即采取了紧急停车措施,并将情况报告机舱值班人员。值班人员检查后发现离心泵的轴承温度异常升高,且有烟雾冒出。随后,船员们展开了紧急处理工作,以防止火势蔓延。

由于离心泵故障,船舶失去了动力,在海上漂流。在紧急处理过程中,船员们通过努力最终控制住了火势并将影响降至最低程度。在事故发生后,船员们对船舶进行了紧急修理,但整个航程受到了严重影响。

【案例分析】

经过调查和专家分析,事故原因主要如下:

(1)设备老化

该离心泵已经使用多年,长期处于高强度的工作状态,老化严重,泵的轴封材料老化导致了泄漏。

(2)维护不当

船员对老旧设备的维护保养不够重视,长期没有对设备进行全面的检查和维护,没有按照规定检查轴承润滑情况,导致故障隐患没有被及时排除,离心泵的轴承磨损严重,造成发热。

通过该离心泵事故,建议做好如下工作:

(1)加强设备管理

船舶应建立完善的设备管理制度,对重要设备进行定期检查和维护,及时发现和解决设备故障隐患。同时,应加强设备的更新换代,及时淘汰老旧设备。

(2)提高操作人员的素质

操作人员应经过专业培训,熟悉设备的操作规程和安全注意事项;在操作过程中应严格遵守操作规程,避免因操作失误引发事故。同时,应定期组织安全培训和教育活动,提高操作人员的安全意识和应对突发事件的能力。

(3)增强应急预案的可操作性

针对不同类型的突发事件制订详细的应急预案,并定期组织演练,确保预案在实际操作中具有可操作性。在发生事故时,应迅速启动应急预案,采取有效的应急措施,最大程度地减少事故损失。

通过深入分析事故原因和总结教训,可以发现加强设备管理、提高操作人员的素质、增强应急预案的可操作性等措施是预防类似事故发生的有效方法。同时,应该强化责任追究和处理机制,促使船舶相关部门和个人更加重视安全管理工作,从而保障船舶的安全稳定运营。

【知识与技能】

本案例涉及离心泵的结构原理、离心泵轴承温度偏高的原因等内容。通过对案例的学习讨论,能够分析离心泵轴承温度偏高的原因,进一步提升离心泵维护和处置离心泵突发故障的能力。

【素质培育】

沉着冷静。离心泵是船舶上重要的辅助机械,尤其是输送燃油的离心泵。离心泵出现故障,尤其是发生突发情况,要沉着冷静,做好应急处置,把损失和风险控制在合理的范围内。

学无止境。离心泵既可以输送水,也可以输送油,要懂得学无止境的道理,善于运用比较学习的方法,分辨离心泵输送不同液体的特点和注意事项。

研讨题

1.离心泵的工作特点主要有哪些?

2.导致离心泵轴承温度偏高的原因有哪些?

3.离心泵如果用来输送燃油,有哪些需要注意的事项?

案例 15 辅锅炉检修过程中发生爆燃

【课程模块】辅助锅炉

【案例简介】

某船上配置了辅锅炉,其结构型式为组合立式水管锅炉。

某日,该船停靠码头,船长发布通知,要求当日 1130 时将船移泊到锚地开展航行检修工作。当日 0940 时,值班轮机员进行主机备车检查工作,发现主机缸套冷却水温度偏低,通知船舶机工起动辅锅炉,加热炉水,以提升主机缸套冷却水温度。当日 0950 时左右,机工按照以往日常的操作程序进行辅锅炉的起动,将起动模式置于自动点火状态。第一次锅炉点火失败后,值班轮机员改为手动点火模式进行起动,仍然失败。机工在关掉锅炉点火的各个开关后,值班轮机员打开炉膛门,观察发现点火电极存在较为严重的结碳,于是让机工利用剪刀刮除结碳。在刮除过程中,突然"轰"的一声,炉膛内窜出一股火焰,将人员烧伤,同时机舱火警报警起动。船舶其他人员赶到辅锅炉旁,迅速将火扑灭,同时将烧伤的机工送往当地医院进行救治。因救治及时,机工无生命危险。

【案例分析】

在该案例中,锅炉的炉膛发生了爆燃。根据爆燃的三要素(易燃品、空气和火花),对该案例进行分析。

机工进行点炉操作时,在自动点火、手动点火都失败的情况下,未进行一项关键的步骤,那就是没有按照操作规程对炉膛加大通风,清除炉膛内的燃油、油气。在此情况下,他打开炉膛门,同时又在炉膛门口用剪刀刮除点火棒上的结碳,导致在刮除过程中剪刀与金属点火棒擦碰产生火花。以上情况,满足了爆燃的三要素,于是炉膛内的油气发生爆燃,喷出火焰,将工作人员烧伤。

在自动点火和手动点火均失败的情况下,值班轮机员查看点火电极的措施是正确的。如果点火电极结碳严重,那么两根电极之间则难以闪出电火花,无法起动锅炉。但值班轮机员的安全意识和经验不足,如果起动风机吹除炉膛油气,再打开炉膛门施工,或者将点火电极拆下后到通风处清洁,便可以避免爆燃事故的发生。

【知识与技能】

本案例涉及锅炉燃烧器原理、锅炉点火失败的原因分析、锅炉的安全操作等内容。通过对案例的学习讨论,应掌握锅炉燃烧器的结构原理,会分析锅炉点火失败的原因,进一步熟悉锅炉的安全操作规程,能够严格遵照辅锅炉的安全操作规程进行点炉操作,提高专业技能。

【素质培育】

安全意识。辅锅炉是一个高温高压设备,涉及易燃易爆等危险因素,而且燃烧系统比较复杂。该案例引导学生要具备足够的安全意识,融入劳动保护、人身安全教育,确保锅炉维护操作中人员的安全。

深耕细作,追求卓越。锅炉是一个复杂的系统设备,想要从复杂的系统中找到故障原因,要有由繁到简、抓住核心来解决问题的能力,这需要维修人员具备深厚的专业知识。由此,教育学生要在自身专业领域深耕细作,追求卓越,沉下心来积累理论知识,不断提升专业技能。

研讨题

1.锅炉的燃烧器具有哪些主要部件?

2.简述锅炉使用管理的注意事项。

3.结合某型锅炉,分析归纳锅炉点火失败的常见原因。

案例 16 某船辅锅炉烧坏事故

【课程模块】辅助锅炉

【案例简介】

某日,某船在港口补给后准备离港。当日 0930 时,值班机工发现辅锅炉的水位报警器出现报警提示,迅速查看控制箱上的水位,没有发现异常。他没有进一步查看锅炉本体上的水位计读数,就将辅锅炉水位报警情况报告值班轮机员。当时,该船值班轮机员正在机舱内检查其他装置,没有亲自检查水位报警原因,便草率下结论为锅炉装置误报警,直接让值班机工进行报警消除。

在交接班时,在 0800—1200 点值班的人员没有认真介绍自己值班期间辅锅炉曾发生警报情况,导致 0000—0400 点的值班人员并不了解锅炉曾发生报警,在值班期间也没有对运行的辅锅炉水位进行检查。当日 1330 时,值班轮机员在机舱巡回检查中发现辅锅炉的右侧起火,立即报告轮机长并组织施救,但辅锅炉已经被烧塌,炉胆及管板已经出现了明显的变形,整台锅炉几乎报废。

【案例分析】

该案例为锅炉报废事故。究其原因主要有:

(1)船员因素

船员对锅炉技术性能不够熟悉,日常管理不够细致。锅炉最低水位的应急停炉保护功能没有发挥作用,事后检查发现不知何时锅炉的最低水位应急停炉保护功能被人为关闭。

（2）设备因素

锅炉安全保护装置长期疏于检修,控制锅炉水位的继电器底座松动,导致控制箱水位显示功能故障,在运行过程中始终错误显示。锅炉给水泵虽然处于"自动"位,但给水泵电机的过载保护有一线头脱落,导致给水泵不能自动给锅炉补水。

【知识与技能】

本案例涉及锅炉水位控制原理、辅锅炉水位检查方法等内容。通过对案例的学习讨论,应掌握锅炉水位控制原理,能够严格遵照辅锅炉的安全操作规程,牢记锅炉操作的注意事项,进一步增强对辅锅炉的维护管理能力。

【素质培育】

安全意识。辅锅炉是一个高温高压设备,涉及易燃易爆等危险因素,维护管理辅锅炉必须具备足够的安全意识。

认真细致。锅炉作为压力容器,关乎人员安全,对任何细小、潜在的故障现象都不能放过,应该认真予以排查处理,特别是船舶处于特殊航行条件下应当更加认真。

责任意识。锅炉系统复杂,需要船员具有高度的责任心,不能让安全保护装置长期疏于检修;不能过度信赖监测仪表,也不能片面认为报警就是误报警,应该做进一步的检查和确认,并与监测仪表进行对比核定。

团队协作。从该案例中可以看出团队协作的重要性,船员需要严格执行交接班制度。检修中的机电设施或存在故障缺陷的机电设施,应被挂牌警示或由相关人员在警示板上留言提示等。

研讨题

1.锅炉的水位计如何进行"叫水"操作?

2.简述锅炉水位控制的基本原理。

3.结合该案例,分析归纳防止锅炉烧坏的主要措施。

案例 17　某船分油机长期未用后的故障处理

【课程模块】分油机

【案例简介】

某船上配有 2 台滑油分油机,其中 2 号滑油分油机有好几年没有使用,在恢复其使用的过程中,出现了好几个问题。

(1)齿轮箱发现有较多水分

2 号滑油分油机在恢复使用的过程中,发现齿轮箱内滑油表面发白,表明有水进入了齿轮箱。通过拆检分油机,发现配水盘部件下面的防护罩腐蚀、锈烂,从而导致水漏入齿轮箱。

(2)无法建立正常的油压

当滑油分油机起动后,打开进油开关,发现无法正常建立油压。检查滑油分油机供给泵和分离筒的密封情况,均正常,因此判断其油压低的原因应是气控三通阀不能打开,油还在旁通循环。改为手动开启三通阀后,滑油分油机油压正常。

(3)不排渣

滑油分油机恢复使用不到一天,出现了不排渣现象。

【案例分析】

第一个故障,出现齿轮箱进水的主要原因是防护罩腐蚀、锈烂。防护罩的主要功能是将水从机体上的泄放槽中排放掉,防止分配盘和分离筒上泄漏的水进入轴承室和齿轮箱。由于防护罩腐蚀、锈烂,水进入了齿轮箱,导致滑油进水,滑油分油机不能正常工作。解决办法为更换防护罩,如暂时没有该配件,可以使用软金属临时加工应急使用,保证齿轮箱的密封性。

第二个故障,三通阀的控制机构故障导致滑油分油机不能正常工作。在滑油分油机工作期间,可检查确认顶部的空气管是否有气压,如没有气压则表明控制系统故障。检查控制电磁阀,发现内部膜片装反导致其不能正常动作。解决方法为更换新的电磁阀或者重新安装膜片。

第三个故障,可以考虑检查工作水或者滑油分油机本身的排渣。在滑油分油机排渣的过程中,松开排渣电磁阀的连接管接头,检查排水量及压力是否正常;滑油分油机本体内,检查滑动圈、喷嘴、配水盘部件等。通过拆检滑油分油机的滑动圈,发现密封槽内存在水垢,影响了滑动圈的上下移动,滑动圈卡死导致滑动底盘下的密封水不能泄放,无法排渣。

虽然该分油机的三个故障最后都顺利解决,但是该分油机闲置几年未使用,平时也缺乏维护保养,这是不应该的。

【知识与技能】

本案例涉及分油机的结构原理、滑油分油机排渣原理等内容。通过对案例的学习讨论,应能够掌握滑油分油机的组成及工作原理,会分析滑油分油机不排渣的原因,严格遵照技术说明书的要求,分析滑油分油机系统的常见故障原因及解决方法,进一步增强对滑油分油机的维护管理能力。

【素质培育】

履职尽责。分油机是净化设备,也是确保主机正常工作的设备,需要船员具备高度的责任心,按照技术说明书的要求进行定期维护,不能让设备长期闲置不用,并且疏于检修。

科学管理。从该案例中,可以看出加强设备科学管理的重要性。该船配有 2 台滑油分油机,船员未能对它们做到科学管理,2 号滑油分油机长期处于闲置状态,也未采取措施对其维护保养,导致设备后续使用的时候故障频发。如果对设备进行科学管理,可以避免类似问题的发生。

认真细致。分油机故障有多种原因,应当结合技术说明书认真细致分析。对任何细小、潜在的因素,应该认真予以排查处理,确保分油机正常工作、主机安全运行。

攻坚克难。分油机系统较为复杂,需要船员具备攻坚克难的勇气,不怕困难,刻苦钻研,真正学懂弄通系统原理,做到管理上的游刃有余。

研讨题

1.分油机主要有哪些部件?
2.简述分油机排渣的基本原理。
3.结合该案例,思考长期闲置装备的管理方法。

案例 18　某船建造过程中艏尖舱发生爆燃

【课程模块】安全管理

【案例简介】

某船厂电装分厂的员工曹某、陈某在该船厂建造的某型船艏尖舱开展焊接作业,利用气割、电焊研配,安装电缆托架、电缆走线板条和马脚。上午 1100 时,作业完毕,曹某未将使用的焊炬、氧乙炔胶管等拉出舱外便下班回家吃午饭。下午 1330 时,两人下舱后便叫人将氧乙炔胶管拉出舱外,放置在艏尖舱的甲板上。1400 时左右,曹某点焊板条,瞬间引起爆燃。陈某攀爬直梯逃出,下肢被烧伤,曹某因大面积烫伤,送往医院后抢救无效死亡。

【案例分析】

造成这起事故的直接原因是艏尖舱因乙炔气体泄漏,舱内可燃性气体浓度达到了爆炸极限,在点焊明火的条件下,爆燃发生。

进一步分析案例的间接原因,主要有:

(1)曹某、陈某均未认真检查相关设备

氧乙炔胶管出现了破损泄漏,作业者马虎大意,未认真检查和及时更换胶管,导致乙炔气体泄漏。

(2)作业者安全意识差

在舱内气割作业完成后,作业者未及时将气带拉出至舱外,致使舱内积聚较多可燃气体,电焊作业之前也未做安全分析评估。

【知识与技能】

本案例涉及船舶舱室开展电焊、气割的安全注意事项等内容。通过对案例的学习讨论,应了解船舶舱室空间作业的特殊性,掌握电焊、气割作业的注意事项,提升安全意识,确保船舶舱室空间特殊作业的安全。

【素质培育】

安全意识。电焊、气割作业涉及易燃易爆等危险因素,而且舱室操作空间狭小,要求作业者具备足够的安全意识。作业前,作业者应加强安全风险评估,全面考虑风险点和作业隐患,做好充分准备。在日常工作中,我们也要守牢安全底线,预防安全事故的发生。

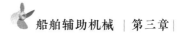

认真细致。要吸取该事故的教训,做任何事情都要认真负责,做好充分准备,不放过任何一个细节,不马虎大意。

研讨题

1.分析归纳电焊、气割作业的注意事项。

2.结合舱室发生爆燃的主要原因,谈谈如何预防这类事故。

3.结合该案例,补充安全风险评估报告。

案例 19　某船工具箱发生爆炸

【课程模块】安全管理

【案例简介】

某日,某船当班作业人员在甲板上完成气焊作业后,将氧乙炔胶管一头打结盘起放进工具箱内,另一头仍然连接在氧乙炔汇流排上。

第二天,3 名焊接人员在工具箱附近开展切割作业,突然工具箱发生爆炸,3 名人员被炸伤,整个工具箱顶被弹出 18 m。

【案例分析】

导致这起事故发生的直接原因是可燃性混合气体发生了爆炸。气焊工在工作完毕后,将氧乙炔胶管存放在密封的工具箱内,同时又未切断乙炔气源。由于打结的胶管密封性不好,气源未完全切断,致使工具箱内部及周围聚集了大量可燃性混合气体。后来,焊接人员在工具箱附近进行切割作业,产生大量火星,引爆工具箱内的可燃性混合气体,产生爆炸。

这次事故的教训非常深刻,导致事故发生的间接原因主要有:

①作业人员马虎大意,随意放置设备,事后也没有认真检查相关设备。如果作业人员当天作业结束后未将氧乙炔胶管放置在工具箱内,或者关闭瓶头阀门切除乙炔气源,就可以避免本次事故。

②作业人员风险意识差。作业人员在作业完成后不切断危险源,焊接人员在开展明火作业前不注意评估和检查周围环境。

【知识与技能】

本案例涉及电焊、气焊作业时的安全注意事项等内容。通过对案例的学习讨论,应了解船舶电焊、气焊作业的特殊性,进一步提升风险意识,杜绝不良习惯;能够开展安全隐患分析与排查,确保船舶特殊作业的安全。

【素质培育】

养成良好作业习惯。我们一定要吸取事故教训,对生命负责,遵守规章制度,养成良好作业习惯,充分考虑注意事项,把风险隐患消灭在萌芽状态。

风险控制意识。电气焊作业涉及易燃易爆等危险因素,要求作业者具备良好的风险控制意识。作业者在作业前要加强安全环境检查,在确保安全的前提下开展工作。

研讨题

1.分析归纳电焊、气焊作业的注意事项。

2.结合工具箱发生爆炸的原因,谈谈如何有效预防此类事故的发生。

案例 20　某船分油机室串油起火事故

【课程模块】安全管理

【案例简介】

某船试航结束归来,在停靠码头期间,船上已经加了 100 多吨柴油。某日,分油机室内有 6 名员工正在进行作业,其中 4 名员工进行分油机管道残油清理作业,2 名员工进行焊接作业。作业期间,高温焊渣不小心掉到油上,引发火灾。当时火势迅猛发展,船上所有人员紧急撤离,后经起动灭火系统和消防人员及时扑救,明火被扑灭。该事故虽未造成人员伤亡,但导致部分设备被烧坏,经济损失达数百万元。

【案例分析】

这起事故的直接起因是残油遇到了高温焊渣而燃烧,进而引发火灾。该船员工在分油机室内作业,未充分预估到火灾风险。管道清理工和焊工各自为政,自己只负责自己的工作,都不愿意等待对方干完了再工作,出现了清理残油和焊接作业同时进行的局面,结果酿成了火灾。

这次事故的教训非常深刻,导致事故发生的间接原因有:

(1)作业没有计划性

管道残油清理和焊接作业本应分开进行,但由于没有事先做好计划,导致员工在同一时段同时作业,使得高温、可燃物等可引起燃烧的要素同时具备,火灾风险极大。

(2)作业风险意识差

员工开展带有明火和可燃烧物的作业时未注意评估和检查周围环境。

(3)团结协作意识差

管道清理工和焊工各自为政,没有协作意识,都不愿意牺牲自己的工时,冒险作业结果引发事故。

【知识与技能】

本案例涉及分油机的工作原理、燃烧的三要素等内容。通过对案例的学习讨论,应了解分油机的工作原理,学会分析评估火灾风险,提升作业能力,确保船舶特殊舱室作业的安全。

【素质培育】

周密部署。做任何事情都要有周密的计划和部署,充分考虑到各项影响因素,通过制订预案化解风险,确保任务圆满完成。

风险控制。在涉及易燃易爆等危险因素作业的情况下,应当具备良好的风险控制意识。要加强环境安全检查,在确保安全的前提下开展工作,不冒险作业。

团结协作。该案例中,管道清理工和焊工没有团结协作的意识,结果酿成事故。我们一定要吸取教训,牢记安全是大事,个人工时是小事,不可因小失大。只有加强团结协作,才能确保任务又好又快的完成。

研讨题

1.为什么要对分油机开展管道清理作业?

2.谈一谈如何有效预防此类事故的发生。

案例 21　压载水泵出口阀阀芯脱落

【课程模块】船用泵

【案例简介】

某船配置了 2 台压载水泵,用来给压载水舱调驳海水,维持船舶的稳性。某日,其中 1 台压载水泵正常运行不到 15 min,工作声音突然发现变化,噪声明显增大,排出压力表数值偏高,吸入压力表读数正常。管理人员立即开展排查,发现泵几乎没有液体排出。管理人员通过检查排出阀,发现排出阀的阀盘转动很轻松。停机后,管理人员将该泵排出阀拆开,发现阀芯已经脱落,堵住了排出口,导致泵无法排出液体。更换阀门后试车,压载水泵正常工作。

【案例分析】

船舶压载水泵通常使用离心泵。离心泵如果排出压力高、吸入压力正常,且无液体排出,一般可能的原因有:出口阀未打开或堵塞;排出管路脏堵;管路压力过大,超过泵的扬程。

结合以上现象,由于之前压载水泵能够正常工作,因此可首先排除设计方面的问题,也就是管路的设计和泵的选型没有问题。吸入压力正常,说明吸入管路也没有问题。最有可能出现问题的为排出管路。

排出管路容易堵塞的部件一般为出口阀或者管路的弯头处。本案例中描述的现象符合排出管路脏堵所引起的故障特征,管理人员对故障的排查方向是正确的。通过检查排出阀,发现阀芯脱落堵住了排出口。

那么阀芯为什么会脱落呢? 这里面可能有海水腐蚀的因素,也可能有人为管理的因素,还需要结合实际进行分析。要注意的是,作为管理者要注重对故障机理的探究,不能浅尝辄止,不能忽视引起故障的原因,这样才能在压载水泵管理过程中避免出现类似问题。

【知识与技能】

本案例涉及离心泵的工作原理、离心泵无液体排出的故障现象及排除方法等内容。通过对案例的学习讨论,应掌握离心泵不能排液的常见原因,学会判断和处理离心泵不能排液的情况,能够举一反三、科学管理,延长压载水泵的工作寿命。

【素质培育】

精益求精的探索精神。本案例的故障分析及解决方法并不复杂,但仍要注意对阀芯脱落原理的分析和探究,并且吸取教训,在今后的工作中予以改进。要有精益求精的探索精神,善于总结、积累装备的维护保养经验,提高分析问题和解决问题的能力。

研讨题

1.离心泵的排出管路堵塞会有哪些表现?

2.离心泵运行后不出水的原因主要有哪些?

3.结合该案例,试分析阀门阀芯脱落的原因。

案例 22 某船舵叶丢失导致船舶搁浅

【课程模块】转向装置

【案例简介】

2021 年某日 0930 时左右,某船抵达宁波象山海域;1222 时左右,该船进入狭水道航行,船长采取右舵 5°向右转向,船首转动后,将舵角加到右舵 10°,此时船尾传来"蹦"的一声。随后,船长发现船舶舵机失灵,操作应急舵也无效,命令立刻降速停车。派人查看后,发现船舶舵杆断裂,舵叶丢失。船长立即通过广播通知,应急抛锚并采取倒车方式控制船速。1224 时,该船紧急抛下右锚;1225 时,该船搁浅。

【案例分析】

当船舶在特殊水域或者特殊工况下航行时,舵机有可能被损坏。本案例中,船舶曾在前三个月中发生两次触碰事故,但当时未对损伤情况进行排查,也没有安排专业人员进行检修和必要的维修保养,致使船舶舵机带病航行。当船舶在特殊水域航行时,大舵角转向导致舵杆受力较大发生断裂。

导致该事故发生的原因主要有:

（1）安全检查不到位

该船前期已发生过触碰事故，管理人员未重视，存在侥幸心理，没有检修各设备，致使船舶带"病"航行。

（2）不够谨慎

在特殊水域航行期间，船长缺乏应有的谨慎，未备妥双锚，也未在船首安排应急人员，未能及时采取有效应急措施。

（3）安全责任落实不到位

船公司未能指导该船采取应急措施，没有提供必要的支持，安全管理责任落实不到位。

在舵机失灵的情况下，对于双螺旋桨以上的船还可以用改变主机工况的办法进行操纵。下面以双螺旋桨为例进行分析：

①一个螺旋桨工作，另一个螺旋桨不工作。在这种工况下，因为不工作螺旋桨产生附加阻力，使阻力增加，所以工作螺旋桨若在同样转速下工作，不仅航速会降低很多，而且主机负荷会增加，此时应防止主机超负荷运转。

②一个螺旋桨转速高，另一个螺旋桨转速低。一台主机的转速降低，对两台主机的负荷都会有影响。这时两台主机发出的总功率减小，航速降低。另外，转速较高的主机负荷增加，可能发生超负荷现象，所以在管理时应控制其转速，尽量避免其在全速下工作。

③一个螺旋桨正转，另一个螺旋桨反转。在这种工况下，倒车主机的负荷增加，尤其在转速和航速较高的情况下，主机很容易出现超负荷现象。所以，在管理中应适当降低转速和航速。

舵机失灵后，虽可使用主机操纵，但操纵流程较复杂。

【知识与技能】

本案例涉及的理论知识和应用技能如下：

（1）船舶结构与设备知识

应了解舵机的工作原理和结构组成，包括舵杆、舵叶等关键部件的作用和连接方式。熟悉应急舵的操作方法和使用场景，知道在主舵失灵时如何切换到应急舵。了解船舶锚泊设备的性能和使用要求，包括锚的类型、重量、抛锚方法等。

（2）故障判断与应急处理技能

应能够迅速判断船舶故障的性质和严重程度，如在听到异常声响后，立即确定舵机失灵并采取相应的应急措施。熟练掌握船舶应急操作技能，包括降速停车、抛锚、倒车等，以控制船舶速度和避免发生连锁事故。具备组织和协调能力，在紧急情况下能够迅速通知船员，下达正确的指令，并确保各项应急措施的有效执行。

（3）设备操作与维护技能

熟悉船舶舵机操作方法，确保在正常和紧急情况下都能正确使用设备。掌握设备维护和保养知识，定期检查设备的运行状态，及时发现潜在的故障隐患并进行处理。应具备在设备故障时进行临时修复或采取替代措施的能力，以维持船舶的安全航行。

【素质培育】

认真细致。船舶在发生触碰后，一定要认真检查设备是否有损伤，确认设备的技术状态，切忌心存侥幸。船员尤其是船长，必须具备足够的谨慎意识，做好充分的预案。教育学生要认真细致对待每一件事情，不可马虎大意、想当然。

冷静应对危机。本案例中，当船舶发生故障时，船员们没有惊慌失措，而是保持冷静，迅速采取应急措施。这种冷静应对危机的能力是非常重要的。在面对突发事件时，保持冷静、理性思考，才能作出正确的决策，有效地解决问题。教育学生遇到困难和危机时，要学会保持冷静，不被情绪左右，积极寻找解决问题的方法。

责任担当。在本案例中，船员们在面对突发的船舶故障时，积极采取措施，展现出了高度的职业责任感。他们迅速判断情况，执行应急操作，努力保障船舶和人员的安全，这体现了船员们对自己的工作职责的认真履行，以及对船上生命和财产安全的担当。我们所有人都有自己的责任，要勇于担当，提升关键时刻的战斗力。对于学生来说，可以引导他们思考自己在未来的工作中应如何承担起责任，无论身处何种岗位，都要以认真负责的态度对待工作，为社会作出贡献。

研讨题

1. 如果舵机突然失效，应该如何做好应急处置。

2. 结合本案例，你认为应如何避免搁浅事故的发生。

3. 结合本案例，谈一谈该船在应急处理方面存在哪些不足之处，应如何改进。

案例 23 某船焚烧炉维护不当引发火灾

【课程模块】船舶防污染装置

【案例简介】

某船在执行日常航行任务期间，值班轮机员按照既定计划起动焚烧炉系统，处理船上累积的固体垃圾及废油。焚烧炉作为船舶上重要的环保设备,其正常运行对于维护船舶环境卫生及遵守国际海事环保法规至关重要。

轮机员首先起动焚烧炉,成功将其设置为固体垃圾处理模式。在这一阶段,焚烧炉运行平稳,有效处理了部分固体废弃物,未出现异常情况。随后,轮机员尝试将焚烧炉从固体垃圾燃烧模式切换到污油燃烧模式,以进一步清理船上废油。然而,切换到污油燃烧模式后不久,焚烧炉舱室内突然烟雾弥漫。随着烟雾浓度的增加,船上的火灾警报系统被触发,警报声响彻全船。为应对火灾风险,焚烧炉上方的固定水雾灭火系统自动起动,迅速喷洒大量水雾以抑制火势和降低烟雾浓度。听到警报后,船上所有人员立即按照应急预案迅速行动。在确认情况后,轮机员和值班人员迅速关闭了焚烧炉的电源和燃料供应,切断了火源,防止了火势的进一步蔓延;同时,起动舱室通风系统,加速烟雾的排出,改善舱室环境。最终因处置及时,该事故未造成人员伤亡。

【案例分析】

这起警报发生的原因主要是焚烧炉舱室的烟雾过大,激活了火灾报警系统,触发了固定水雾灭火系统。焚烧炉在固体垃圾燃烧模式下运行正常,说明设备本身无严重故障。

从机理上分析,烟雾过大主要是燃烧不良导致的,这要么是污油的问题,要么是空气不足的问题。由于污油与固体垃圾燃烧所需的条件(如温度、氧气量)不同,在模式切换之后应当密切关注。经检查,污油中含有较多的杂质和水分,会导致燃烧不充分,同时发现在污油燃烧模式下,供应的压缩空气压力只有 0.4 MPa,与标准的 0.7 MPa 相差甚远,导致空气流通不够畅通。以上两个因素导致焚烧炉在污油燃烧模式下产生了大量的黑烟。

这次故障产生的原因主要有:

(1)维护保养不当

船员没有按照技术说明书的要求对焚烧炉进行维护保养,日常很少对污油进行放残。

(2)使用操作不当

船员没有正确监控焚烧炉的压缩空气供应,切换前未做认真检查,没有发现压缩空气压力不足。

改进措施:船员要加强对焚烧炉结构的学习,进一步熟悉焚烧炉的操作使用方法。船公司应组织焚烧炉相关操作和维护的培训,坚持按照维护保养制度的要求实施,每一次使用后对焚烧炉进行清洁和检查,定期测试焚烧炉上的安全阀以及紧急停机装置。

【知识与技能】

本案例涉及焚烧炉的工作原理、焚烧炉的燃烧器结构、焚烧炉的操作注意事项等内容。通过对该案例的学习讨论,应具备敏锐的故障识别能力,能够及时发现焚烧炉运行中的异常情况,如烟雾弥漫、火焰颜色异常、温度压力波动等,了解焚烧炉的工作原理,学会分析燃烧不良的原因,掌握焚烧炉的维护保养方法和操作注意事项,确保焚烧炉的使用安全。

【素质培育】

学习意识。活到老、学到老,所有人都要强化学习意识,尤其是对执掌的装备要做到心中有数,切忌一知半解,只会操作、不懂维护将增加安全隐患。

规矩意识。没有规矩不成方圆,牢记设备技术说明书的要求和设备安全规定,按照规范进行履职,确保设备正常工作。

研讨题

1.简述焚烧炉的工作原理。

2.焚烧炉的燃烧器主要由哪些部件组成?

3.简述焚烧炉的性能要求。

4.简述焚烧炉的操作注意事项。

案例 24　某船造水机产不出淡水

【课程模块】海水淡化装置

【案例简介】

某船配置 1 台蒸馏式海水淡化装置,额定造水量为 20 t/d。自维修之后,该装置产水量一直呈下降趋势,而且蒸发器结垢比较快,需要经常拆卸清洗。

某日船舶开航后,造水机完全产不出淡水。故障具体表现为:造水机淡水观察窗观察不到淡水,真空度不能正常建立,最高只能达到 86%;海水泵出口压力为

0.24 MPa,低于说明书要求的 0.3 MPa;海水淡化装置不工作,不仅影响船员的日常生活和设备冷却,而且影响船舶安全。

【案例分析】

造水机不能工作,原因主要有三个方面:

(1)真空度不能正常建立方面

这可能是装置密封性、喷射泵、海水泵、过滤器等出了问题。

(2)给水方面

给水倍率太大或者太小,都有可能影响产水量。

(3)加热或冷却方面

这可能是加热水的流量或温差不符合要求,或者冷却器进出口温度不符合要求。

结合真空度不正常、海水泵出口压力偏低的实际情况,判断海水泵出现故障的可能性最大。因为海水泵不仅提供了冷却水,还提供了喷射泵的工作水,而工作水压力大小影响喷射泵的工作性能,决定真空度的大小以及盐水的顺利排出。通过拆卸海水泵,船员检查发现叶轮表面腐蚀较为严重。经测量,密封环间隙达到了1.05 mm,明显超过说明书中不大于 0.75 mm 的要求。经检测,叶轮并不是标准的配件,很有可能在更换叶轮时维修人员出现失误,使用了非标准的叶轮。

更换新的叶轮,起动试验,海水泵出口压力达到 0.32 MPa,真空度正常建立,海水淡化装置工作正常。

【知识与技能】

本案例涉及海水淡化装置的工作原理、真空度的影响因素、造水机不出水的原因等内容。通过对案例的学习讨论,应进一步理解海水淡化装置的工作原理,能够分析真空度的影响因素,掌握造水机不出水的原因和分析方法。

【素质培育】

勤俭节约,艰苦奋斗。淡水是非常宝贵的资源,尤其是在船上,淡水的作用十分突出,直接影响船舶的续航力和安全性。勤俭节约、艰苦奋斗是中华民族的传统美德,我们要珍惜资源,节约用水。

严谨细致。不同设备的配件不能轻易混用,在该案例中,故障发生的根本原因是维修人员不认真、不细致,误用了非标准的叶轮,虽然该叶轮初期还能坚持工作,但流量一直达不到要求,最终导致海水淡化装置不工作。

研讨题

1.简述蒸馏式海水淡化装置的工作原理。

2.影响蒸馏式海水淡化装置真空度的因素有哪些?

3.分析归纳蒸馏式海水淡化装置不出水的常见原因。

案例 25　舱底水泵进口过滤器脏堵

【课程模块】船用泵

【案例简介】

某船利用离心式舱底水泵排出舱底水。该泵运行 5 min 后,工作声音突然变得异常,吸入压力表读数偏低,出口压力表指针波动。轮机管理人员立即开展故障排查,发现泵排出口液体很少。停机后,管理人员通过分析排查,确认吸入阀和排出阀的位置正常,检查舱底水位也正常。在检查吸入过滤器时,管理人员发现滤芯被一块破布塞住,清除异物后,舱底水泵恢复正常。

【案例分析】

船舶舱底水泵根据使用场合的不同,可采用往复泵、离心泵、喷射泵等。如果舱底水泵为离心泵,出现吸入压力偏低,且无液体排出,一般可能的原因有:吸入阀未打开或堵塞;吸入管路脏堵;液位过低、吸入困难等。

结合上述要点分析,舱底水泵一开始起动后能够正常工作,说明可首先排除设计方面的问题,也就是管路的设计和泵的选型没有问题。吸入压力偏低,排出口液体很少,说明吸入管路不畅通。在吸入管路上,吸入阀或者过滤器等部件最容易发生堵塞。本案例中描述的现象符合吸入管路脏堵所引起的故障特征,管理人员对故障的排查方向是正确的。通过先检查吸入阀,发现开度正常,后检查吸入过滤器,发现被杂物堵塞,故障原因被查明。值得注意的是,堵塞的异物竟然是破布,其来源很有可能是人为丢落到舱底,说明船员或维修人员在设备维护保养过程中马虎大意,安全意识差。

【知识与技能】

本案例涉及离心泵的工作原理、离心泵排不出液体的故障现象及排除方法等内容。通过对案例的学习讨论,应掌握离心泵不能出水的常见原因,学会判断和处理离心泵不能出水的故障,能够举一反三、吸取教训,提升船舶设备安全管理意识。

【素质培育】

严谨细致的工作作风。本案例中的故障分析及解决方法并不复杂,通过科学的分析可以迅速找到故障原因。本案例也告诉我们在平时工作中要保持严谨细致的工作作风,禁止随意丢弃一些容易堵塞管路的物品。每一次维护保养之后,要清点工具和物品,对产生的垃圾要妥善处理。引导学生在学习、生活和工作中养成严谨细致的习惯,对每一个环节、每一个步骤都认真检查,不忽视任何一个可能出现问题的地方。

安全意识。舱底水泵的故障如果不及时排除,会对船舶安全造成严重威胁。管理人员对故障的及时处理,体现了其较强的安全意识。引导学生深刻认识到安全是一切工作的前提,在工作和生活中都要时刻牢记安全第一,不断提高自己的安全意识和防范能力。在管理操作船舶机电设备时,始终保持高度的警惕性,及时发现和排除安全隐患,确保自身和他人的生命安全。

研讨题

1. 离心泵的吸入管路堵塞会有哪些故障表现?

2. 离心泵运行后不出水的原因主要有哪些?

3. 结合本案例,分析归纳舱底水泵吸入压力过低的原因。

案例 26 离心泵填料函冒烟

【课程模块】船用泵

【案例简介】

某船配有 1 台卧式离心式冷却水泵。某日该泵在运行过程中轴封填料函处冒烟,用手感觉填料函压盖有明显发热。管理人员在该泵运行前一天,因轴封漏水较多,刚刚更换过填料函。

请分析该故障产生的原因,并提出解决办法。

【案例分析】

结合该故障现象,可以判定填料函工作异常,出现了过热现象,主要原因有以下方面:

(1)材料方面

密封填料硬度过大,没有弹性。

(2)安装方面

填料函压得太紧或者压偏,泵的轴套产生偏磨;填料函安装长度过长,接头发生重叠,出现起棱现象。

(3)冷却方面

冷却水管入口堵塞或者水封环槽没有对正。

针对以上原因,处理方法如下:

由于管理人员刚进行过填料函更换,且更换的为厂家的配件,可以排除材料方面的问题。查看填料函压盖,没有出现压偏现象;手动盘车,较为轻松,可以排除填料函压得太紧的可能性;拆下填料函压盖,取出填料和水封环进行查看,发现水封环槽的位置没有装对,冷却水进入不畅,导致冷却不良,故障原因查明。

【知识与技能】

本案例涉及离心泵的工作原理、离心泵轴封冒烟的原因等内容。通过对案例的学习讨论,应能够分析离心泵填料函轴封过热的常见原因并提出有针对性的解决措施,提升离心泵的使用管理技能。

【素质培育】

科学分析。离心泵的轴封是易损件,属于容易发生故障的部位。引导学生学会科学分析,善于从故障机理出发分析处理离心泵的故障,提升工作效率。

严谨细致。吸取水封环槽位置没有正确安装的教训,引导学生在平时工作中保持严谨细致的工作作风。尤其是在维护保养过程中,要时刻注意零部件的安装位置,避免出现差错。

研讨题

1.离心泵的轴封有哪些形式?

2.离心泵更换填料函和进行轴封时应该注意哪些事项?

3.结合本案例,分析归纳离心泵填料函轴封发热的原因及解决措施。

案例 27 主机海水泵故障导致滑油进海水

【课程模块】船用泵

【案例简介】

某船在 2 个月内曾 2 次发现 2 号主机滑油内有海水。第一次发现有海水时,怀疑冷却器故障,拆下冷却器进行检查,并利用水压试验法进行测试,发现有 5 根铜管轻微渗水,管理人员进行了修复并更换主机滑油。航次结束后返港,管理人员再次检查 2 号主机滑油发现仍有海水。

该船决定进行原因彻查,排查了跟海水相关的所有部件,最后决定拆检海水泵。由于该海水泵是不久前新更换的部件,一开始所有人都认为海水泵不会有什么问题,但是在其他环节查不出问题之后,管理人员最终只能检查海水泵。海水泵拆开后,管理人员发现海水泵的防漏装置和后端的滚珠轴承均已损坏,同时堵塞海水泵检查孔的木塞还没有拿掉。由于检查孔不通,平时检查时看不出海水泄漏,但实际上海水已经漏入机器内部。

该故障造成 2 号主机活塞、缸套有轻微锈蚀,经清洁后还可继续使用。在修复海水泵后,管理人员连续 3 次更换滑油,并出海试验检查,确定滑油中无海水。2 号主机虽然滑油进水时间较长,但因海水量不大,未造成严重后果。

【案例分析】

结合主机滑油进海水的现象,分析导致该故障的主要原因是:

(1)设备方面的因素

海水泵防漏装置损坏,造成海水漏入机器内部。

(2)人员方面的因素

该海水泵安装时,管理人员没有仔细检查,认为新的海水泵肯定没有问题。在安装完海水泵后,管理人员疏忽大意,没有打开检查孔,使漏水故障没有被及时发现。

(3)管理方面的因素

该船发现了海水混入滑油,没有立即查明原因、及时处理,导致主机出现腐蚀现象。虽然后果不是很严重,但在未查明原因之前,一般不应继续使用主机。

主机滑油进海水是非常危险的,因此要千方百计查明原因,及时处理。新的配件在安装前也要仔细检查,检查孔也要在平时经常打开以供检查,同时还要定期对其进行疏通,防止堵塞。

【知识与技能】

本案例涉及滑油进海水的特征、海水泵的结构原理、海水泵的防漏装置等内容。通过对案例的学习讨论,应学会判断滑油中进海水的故障现象,能够分析、排查相关原因,会检查海水泵的安装及工作状态情况,提升装备管理水平。

【素质培育】

严谨细致。装备检查安装时,应杜绝疏忽大意,在确认完好后再进行安装。无论从事何种工作,都要具备严谨细致的工作态度。引导学生在工作过程中要保持高度的专注,对每一个细节都进行仔细的检查和处理,同时不断学习新的知识和技能,提升自己的专业素养和操作能力。

科学管理。重视装备的每一处细节,特别是需要经常检查的地方,做到科学管理,避免因小疏忽而造成大错误。加强学生对机电设备进行科学管理的意识,确保机电设备的正常运行和高效利用。

研讨题

1.滑油进海水后会出现哪些不良现象?如何进行判断?

2.主机海水泵防漏装置的结构原理是什么?

3.结合本案例,分析归纳在装备管理检查方面应当注意的问题。

案例 28　空压机轴瓦烧坏

【课程模块】空气机械

【案例简介】

某公司发生了两起空压机轴瓦烧坏事故。其中,一艘船在更换空压机滑油时,发现里面有大量的金属屑。拆开机器检查,发现工厂检修时将上、下轴瓦装反,使轴承的油路被堵死,轴瓦因缺油而烧坏。另一艘船,空压机因曲轴箱侧盖填料损坏,造成滑油泄漏,管理人员没有及时发现曲轴箱滑油不足,导致轴瓦烧坏。

【案例分析】

从空压机最终的故障现象可以看出,这两起空压机故障都是轴承在缺油的状态下运转了一段时间,发生过热,导致轴瓦烧坏。虽然两起故障责任不同,但船员在管理上都没有及时发现问题,导致机器严重损坏,教训十分深刻。在日常工作中,船员应严格按照装备技术说明书和管理相关规定要求使用空压机,在日常维护管理时,每次起动空压机均要进行滑油油位的检查,运转中可采取触摸曲轴箱外表面的办法,经常检查滑油温度,倾听运行声音是否正常。在机械检修期间,应检查空压机的情况是否正常,及时检查滑油的数量和质量,必要时更换滑油。即使空压机使用次数较少,也要按照周期进行滑油更换。

本案例是一个较为典型的人为因素导致装备故障的案例。作为管理人员,应当具有良好的设备使用管理习惯,勤做检查,尤其是起动前的检查,宁可多次重复检查,也不能忽略检查的重要性。

【知识与技能】

本案例涉及空压机的润滑和冷却原理、空压机起动前的检查等内容。通过对案例的学习讨论,应掌握空压机的润滑和冷却原理,熟悉空压机起动前的检查事项;同时,通过举一反三、吸取教训,强化良好的装备管理意识,提升装备使用管理技能。

【素质培育】

态度端正。结合该案例中轴瓦装反的教训,明白工作态度的重要性,扎实做好装备维修工作,防止工作流于表面。

危机意识。从忽略油位检查导致事故发生的严重后果中吸取教训,充分认识安全工作的重要性。要有危机意识,克服精神懈怠,及时发现问题苗头,采取切实措施防止类似问题再次发生。

研讨题

1.空压机的润滑方式有哪些?

2.空压机的冷却方式有哪些?

3.结合本案例,谈一谈可以预防此类故障发生的措施。

案例 29　空压机修理后未加滑油试车

【课程模块】空气机械

【案例简介】

某船在厂维修期间,副机和所带动的空压机由修理厂维修完毕。在试车时,修理厂人员发现副机盘车沉重,起动困难,怀疑机器存在问题。由于当天时间不足,修理厂人员来不及检查,便将故障情况在下班前告知船上助修人员。

第二天,修理厂人员来检查时,船上助修人员告知副机已经起动过,且空压机工作温度较高。修理厂人员听说机器已经起动过,也没有做详细检查,又把副机起动起来,并带空压机工作约 10 min,发现空压机冒烟后才停车。修理厂人员打开空压机曲轴箱,发现曲轴箱无油,连杆轴瓦已经烧坏。

【案例分析】

这则案例描述了一起责任事故。修理厂人员和船上助修人员都认为对方已经给曲轴箱加了滑油,但事实上大家都没有加油。在机器起动前,双方都没有按照装备管理规定的要求进行起动前检查。空压机曲轴箱无油没有被及时发现,机器在无油状态下运转,导致轴瓦报废。

就该案例总结的经验教训为:平时应加强教育,严格执行使用规定,特别是修理后的机器,第一次起动时要做好详细的检查准备;不能有丝毫的马虎,尤其是对滑油数量和品质的检查。修理厂人员和船上助修人员要协调配合好,不随意起动机器,以免发生差错。

【知识与技能】

本案例涉及空压机的润滑和冷却原理、空压机起动前的检查事项等内容。通过对案例的学习讨论,应牢记空压机起动前的注意事项,打牢安全意识和责任意识,养成良好的装备使用管理习惯。

【素质培育】

责任意识。装备管理责任重于泰山,要切实加强责任心,严格执行使用管理规定。要把个人职责和家国情怀联系起来,树立爱岗敬业、无私奉献的精神。

协作沟通。本案例中,修理厂人员和船上助修人员缺乏协作配合,其根源在于沟通不畅,都认为对方应该做好起动前的检查工作。修理厂人员在检修过程中,应及时向船上助修人员说明发现的问题、采取的维修措施以及后续起动注意事项;船上助修人员也应及时反馈设备运行情况,为精准维修提供可靠资料。良好的协作沟通是做好船舶维修工作的关键,必须给予高度重视。

研讨题

1.空压机的润滑方式有哪些?

2.空压机起动前的检查事项有哪些?

3.结合该案例,谈谈如何协调好修理厂人员和船上助修人员的协作配合。

案例 30 某船辅锅炉不能顺利起动

【课程模块】辅助锅炉

【案例简介】

某船上使用的辅锅炉为水管锅炉,其作用主要是产生热水,供全船中央空调取暖使用。锅炉燃烧器使用-10号柴油工作。某日锅炉冷态起动时,燃烧不能顺利进行,并出现火焰报警。船员多次尝试,均不能顺利起动且仍出现火焰报警。

【案例分析】

辅锅炉不能顺利起动,主要还是燃烧条件出现了问题,可以从油、气、着火点、自动控制等方面进行分析:

①油压不能建立或不足;

②点火时风量过大或不足;

③点火系统故障,不能点火;

④控制系统失灵,比如火焰监测器(光敏电阻)损坏,风门电磁铁损坏,没有进风等。

了解上述原因之后,可以逐项展开排查。首先检查燃烧器燃油管路,排除燃油泄漏的可能性;按下起动按钮时,关注到油压能够正常建立,基本排除油路故障的可能性。其次,检查风门,能够正常打开,检查点火变压器和电极均正常,排除点火系统故障的可能性。最后,将故障原因锁定在火焰监测器上,取出光敏电阻,将燃烧模式置于扫风位置,起动锅炉,用手电筒照射光敏电阻没有反应,故障部位确定。

解决办法为更换光敏电阻,重新安装后辅锅炉工作正常。

【知识与技能】

本案例涉及锅炉燃烧器的原理、锅炉的点火燃烧过程、锅炉的自动控制等内容。通过对本案例的学习讨论,应掌握锅炉燃烧器的结构原理,会分析锅炉点火失败的关键,提升锅炉维护管理水平。

【素质培育】

科学分析。利用科学的方法,遵循燃烧三要素的基本原理,善于从复杂的锅炉燃烧系统中找到问题产生的原因,反复研究,切实做到举一反三、融会贯通。

奉献精神。辅锅炉不能顺利起动,将影响全船的取暖工作。相关人员克服了机舱闷热和噪声的不良影响,积极开展故障排查,使锅炉运行尽快恢复正常,顺利完成了全船的保供任务。这种在艰苦条件下坚守岗位、不计个人得失的付出,正是奉献精神的直观体现。由此,教育引导学生在艰苦条件下积极奉献,彰显忠诚和责任,积极体现自身价值。

研讨题

1.锅炉燃烧器主要由哪些部件组成?

2.锅炉冷态点火的注意事项有哪些?

3.分析归纳火焰监测器的主要作用及维护保养的主要内容。

案例 31　某船淡水舱混入海水

【课程模块】管路系统

【案例简介】

某船在航行期间使用 3 号淡水舱向全船供水。其间,有船员发现生活用淡水变咸变涩,随即将情况报告给轮机长。轮机长根据实际情况,初步判断 3 号淡水舱混入海水,并决定将 3 号淡水舱的进出口阀关闭,进行隔离,切换到 2 号淡水舱进行全船供水。切换后,船员对供水管路进行了清洗,水质转为正常。

在本次故障发生之前,该船经历过 1 次小修,管理人员曾经检查过 3 号淡水舱,并无破损现象。但是 3 号淡水舱存在海水管系穿过的现象,需要再次检查,穿舱管件的材质为铜管。为了确定破损的具体位置,需要排出 3 号淡水舱内的水。在船靠码头之后,3 号淡水舱两端的管路隔离阀被关闭,人孔盖打开,维修人员并未发现有明显的破损;缓慢打开管路隔离阀,发现有一处管路海水喷涌而出,破损点孔径约 2 cm,至此故障原因查明。

通过对破损的部位进行清洁、补焊、注水检查无泄漏,该故障得到解决。

【案例分析】

该案例中,由于 3 号淡水舱之前检查过,并未存在破损现象,结合该舱存在海水管路穿过的实际,可判断导致混入海水的最大可能性是 3 号淡水舱的穿舱管路破损。因此,需要重点检查管路的具体破损位置。本案例中管理人员采取的查找方法正确,并最终顺利确定了破损点。

发生管路破损的主要原因为管路老化腐蚀,管路的抗腐蚀性较差。另外,该船长期在南海区域航行,高温、高盐环境对管路老化等也有较大的影响。总结经验如下:一是尽量减少管路的穿舱;二是使用抗腐蚀性更好的管材。

【知识与技能】

本案例涉及淡水混入海水的判断方法、淡水系统的组成原理、船舶管路材料的性质等内容。通过对案例的分析讨论,应掌握淡水舱隔离和转换的方法,学会确定管路破损部位的方法,提升船舶管路系统的维护管理水平。

【素质培育】

环保意识。通过了解淡水混入海水后造成的影响,树立环保意识,珍惜淡水资源。引导学生在日常生活中,节约用水,身体力行地减少水污染,保护海洋环境,让他们明白,每一个人都有责任为保护海洋环境作出贡献。

创新精神。通过对管路腐蚀的分析研究,介绍应对管路腐蚀的新技术和新型管材的使用及研发,激发学生的创新精神。只有不断地推动科技创新,才能解决管路腐蚀问题,鼓励学生敢于突破传统的思维,探索解决腐蚀问题的新方案。

团队协作。通过介绍各种确定管路破损的方法,如外观检查法、压力测试法、声音检测法等,结合案例分析,让学生了解在不同场景下如何选择合适的方法解决问题,同时明白管路破损需要多个专业人员的通力合作,包括维修人员、检测人员、操作人员等,要有团队协作意识,了解团队合作在解决问题中的重要性。

研讨题

1.淡水混入海水后有哪些特征?

2.淡水舱混入海水的可能途径有哪些?

3.结合本案例,谈一谈船舶管路腐蚀的解决方法。

案例 32　某船海水淡化装置性能下降

【课程模块】海水淡化装置

【案例简介】

某船配置有反渗透海水淡化装置。在该装置运行过程中,船员发现产水量逐渐下降,脱盐率也有所降低。经过检查,船员发现多介质过滤器出现堵塞现象,于是进行反冲洗但效果不佳。反渗透海水淡化装置的预处理系统未能有效去除海水中的悬浮物和胶体等杂质,导致这些杂质进入反渗透膜组件,使反渗透膜受到了污染。

船员拆解反渗透膜组件后,发现膜表面有一层黄色的污垢,膜通量明显下降,从最初的设计值 5 m^3/h 降至较低水平。同时,脱盐率从 98% 左右下降到 95% 以下,已经不能满足海水淡化的要求。船员将多介质过滤器进行彻底清洗,更换了滤料,并对反渗透膜进行化学清洗,反渗透海水淡化装置的淡化性能得到恢复。

【案例分析】

这个案例较为典型,在反渗透海水淡化装置管理中经常会遇到此类问题。导致该故障产生的直接原因是反渗透膜受到污染导致性能下降,间接原因是多介质过滤器堵塞。详细故障原因分析如下:

1. 反渗透膜受到污染的原因

(1)预处理系统失效

正如案例中所述,多介质过滤器未能有效去除海水中的悬浮物和胶体等杂质,这些杂质进入反渗透系统后,在反渗透膜表面沉积,形成污染物。此外,如果多介质过滤器之后的精过滤器失效,不能去除海水中的有机物等,也会对反渗透膜造成污染。

(2)未按照规定的技术条件操作使用

如果反渗透系统的操作压力过高、回收率过高或清洗不及时,也会增大反渗透膜被污染的风险。过高的操作压力会使膜表面的水流速度加快,增加杂质在反渗透膜表面的沉积概率;过高的回收率会使浓盐水中的盐分和杂质浓度增加,反向渗透到淡水中,对反渗透膜造成污染。

2. 多介质过滤器堵塞及反冲洗效果不佳的原因

(1)海水水质变化

海水水质变差,悬浮物和胶体含量大幅增加并超出多介质过滤器的处理能力,会导致过滤器堵塞。例如,在附近海域发生海洋生态事件或受到暴雨径流影响时,海水中的杂质含量会急剧上升。

（2）过滤器运行时间过长

多介质过滤器在长时间运行后,滤料会逐渐被杂质填满,过滤效果下降。如果没有及时进行反冲洗或更换滤料,就容易出现堵塞现象。

（3）反冲洗参数设置不合理

反冲洗的强度、时间和频率等参数设置不当,将无法有效清除滤料中的杂质。例如,反冲洗强度不够,无法将紧紧附着在滤料上的杂质去除;反冲洗时间过短,杂质没有被充分地冲洗出去;反冲洗频率过低,滤料在两次反冲洗之间积累了过多的杂质。

结合以上分析,本案例故障的解决办法如下:

①彻底清洗多介质过滤器和更换滤料,有效地去除滤料中的杂质,恢复过滤器的过滤性能。更换滤料可以确保过滤器的过滤效果。当滤料使用时间过长,磨损严重或被杂质严重污染时,更换滤料是必要的。新的滤料具有更好的过滤性能,可以有效地去除海水中的悬浮物和胶体等杂质。

②进行反渗透膜的化学清洗。化学清洗是去除反渗透膜污染的有效方法之一,根据膜表面的污垢类型,可以选择合适的清洗剂进行清洗。对于有机物污染,可以使用碱性清洗剂;对于无机结垢,可以使用酸性清洗剂;对于微生物污染,可以使用氧化剂清洗剂。化学清洗需要严格控制清洗条件,如清洗温度、清洗时间、清洗剂浓度等。如果清洗条件不当,可能会对反渗透膜造成损伤。因此,在进行化学清洗之前,需要对反渗透膜进行评估,确定合适的清洗方案。

【知识与技能】

本案例涉及反渗透海水淡化装置的结构原理、预处理系统的功能和操作方法、反渗透的清洗方法等内容。通过对案例的分析讨论,应熟练掌握反渗透海水淡化装置多介质过滤器的操作使用方法,能够在必要时对多介质过滤器进行彻底清洗和滤料更换,具备准确判断反渗透膜污染类型的能力,掌握化学清洗的操作流程,提升反渗透海水淡化装置的整体操作使用能力。

【素质培育】

强化责任意识。通过对反渗透海水淡化装置故障的处理,让学生深刻认识到自己在保障水资源供应、推动可持续发展方面的重要责任。海水淡化对于解决水资源短缺问题至关重要,每一个环节的工作人员都需要对设备的正常运行负责,确保稳定的淡水供应。学生在日常学习工作中要秉持认真负责的态度,无论是设备的操作、维护还是故障排查,都要以高度的责任感去对待,不敷衍了事,不忽视任何一个可能影响装置运行的细节。

弘扬敬业精神。案例中故障的及时发现和有效解决,体现了工作人员的敬业精神。这种敬业精神可以激励更多的人在自己的岗位上兢兢业业,不断提升自己的专业技能,为海水淡化事业作出更大的贡献。鼓励学生以积极的态度面对工作中的挑战,像在处理故障时一样,不畏困难,勇于探索,努力寻找最佳的解决方案,展现出对工作的热爱和执着。

树立可持续发展理念。海水淡化是解决水资源短缺问题的重要手段之一,但也需要考虑其可持续性。通过对案例的分析,可以让学生认识到可持续发展的重要性,即在满足当前需求的同时,不损害未来需求。树立可持续发展理念,促使学生在今后的工作中,充分考虑资源的合理利用、环境的保护和社会的发展需求,实现经济效益、社会效益和环境效益的有机统一。

研讨题

1.在案例中,导致多介质过滤器堵塞的主要原因有哪些? 请结合实际操作,谈谈如何预防多介质过滤器堵塞。

2.当发现反渗透海水淡化装置产水量逐渐下降、脱盐率降低时,应从哪些方面进行故障排查? 请结合案例进行说明。

3.对于反渗透海水淡化装置的日常运行管理,应重点关注哪些指标? 如何通过这些指标及时发现潜在问题?

4.从可持续发展的角度,谈谈未来反渗透海水淡化技术的发展前景和面临的挑战。

第四章　船舶电气设备

案例 1　发电机组并电过程中跳电

【课程模块】船舶电站

【案例简介】

　　某船共配置了 4 台发电机组。2022 年 4 月 16 日 0949 时,该船正处于航行途中,2 号发电机组和 3 号发电机组并车运行为全船供电。在机舱巡视期间,值班轮机员检查发现 2 号发电机组柴油滤器有渗漏现象,决定将 2 号和 3 号发电机组并车运行更换为 3 号和 4 号发电机组并车运行。当时,轮机员先解列 2 号发电机组,再起动 4 号发电机组。2 号发电机组解列后,3 号发电机组因负荷过高而跳闸。随后,在进行 4 号和 3 号发电机组手动并车的过程中,轮机员在 2 台发电机未达到同步转速时提前并车操作,造成发电机异步并联,冲击电流过大,从而引起 2 台发电机组主开关跳闸。

　　第二次合闸时,轮机员因环境光线较暗且精神紧张,匆忙合闸又失败,经多次尝试未能成功。大约 1000 时许,轮机长回集控室再次合闸,发电机组恢复正常供电,测试其他机组的起动、合闸和并电均正常。

【案例分析】

　　发生此次故障的主要原因有:

（1）船员操作不熟练

轮机员在决定更换发电机组时,先解列再起动,导致电网过载,运行的单台发电机因负荷过高而跳闸失电。轮机员在 4 号和 3 号发电机组手动并车的过程中,同步表没到位时就匆忙合闸,引起冲击电流过大而跳电。经厂商报告得知,该船配电板具有自动并车功能。但轮机员既对自动并车功能不熟悉,又对手动并车操作不熟练,在紧急情况下采取手动并车,导致第二次合闸仍然失败。

（2）维护保养不及时

船员在发电机组日常维护保养的过程中,未按照技术说明书的要求及时清洗柴油滤器,导致杂质在过滤器内部逐渐堆积。随着杂质的增多,过滤器的过滤介质所承受的压力不断增大,出现破损、裂缝甚至密封部位失效的情况,导致过滤器泄漏。

（3）设备使用不规范

检查发现,2 号发电机组的 2 个柴油滤器长期处于并联使用状态,导致在过滤器泄漏的情况下,不能通过转换滤器的方式保障发电机组的安全运行,只能被迫停机。

【知识与技能】

本案例涉及船舶电力系统的构成、发电机组并车与解列等内容。通过对案例的学习讨论,应掌握发电机组并车与解列的方法,能够吸取事故教训、举一反三,进一步掌握发电机并车与解列的注意事项。

【素质培育】

脚踏实地,遵规守纪。这个案例告诉我们,日常工作和生活应该脚踏实地,做好学习和训练,不能对设备一知半解。在紧急时刻,不扎实的知识技能储备就易使操作出错,让我们手忙脚乱,难以较好地处理应急突发情况。在设备管理中,也一定要遵守规定,确保人员和装备的安全。

研讨题

1.船舶电力系统的主要组成有哪些?

2.分析归纳发电机组自动并车和手动并车的操作方法。

3.总结归纳并车过程中的注意事项。

案例 2 甲板维护作业船员发生触电

【课程模块】安全用电

【案例简介】

某船甲板正在进行维护保养工作,之前该船已经进行了危险作业风险评估,明确指出此项维护保养工作易导致维护人员出现眼睛外伤和发生触电事故。参与作业的船员根据评估要求,使用了个人防护装备。当时天气很好,风力和海况都很适宜,涌浪差不多 1 m 高,甲板与海面的距离约为 2 m。因为甲板没有上浪,因此该因素没有纳入评估范围内。

当时,砂轮机的电线直接放在甲板上,这根电线很旧。船员们正在进行甲板的维护保养,突然一个大浪袭来,海水冲上甲板,通电的电线和用电工具都浸到水里。所有人均触电,马上转移到干燥的高处,其中 2 名船员跳到货舱盖上,另外 1 名船员跳到护栏上。由于护栏比较滑,跳到护栏上的船员不慎跌落到海里,尽管该船立即组织人员营救,但该船员最终还是溺水身亡。

【案例分析】

发生此次事故的主要原因有:

(1)未充分评估作业风险

虽然在作业之前该船进行了风险评估,但仅对触电和眼睛伤害风险进行评估不够全面深入,没有涉及次生风险。船舶甲板作为特殊环境,应当对其考虑得更加全面,如增加海风、海浪的影响评估。

(2)船员自身安全意识不够

在甲板露天作业时船员未穿着救生衣,电线直接放在甲板上,在电线很旧的情况下也未采取任何防护措施,安全意识严重不足。

【知识与技能】

本案例涉及安全用电的基本知识、作业风险评估等内容。通过对案例的学习讨论,应掌握作业风险评估的方法,能够全面深入地分析作业风险;能够吸取事故教训,举一反三,进一步加强安全用电的意识。

【素质培育】

遵守规定,全面分析,做好预案。任何训练作业都有一定的风险,事前应当做好预案,增强全面分析的能力,考虑全面,遵守安全规定,以确保人员和作业安全。

 研讨题

1.该案例中的作业风险主要有哪些?

2.结合本案例,分析归纳安全用电的注意事项。

案例3　电焊钳绝缘破损触电事故

【课程模块】安全用电

【案例简介】

2004 年 8 月 6 日,某船开展上层建筑作业,公司安排员工陈某配合电工工作,在同一部位焊补管子孔。当天晚上 1800 时,陈某完成相关作业后,跟工友余某说晚上还要到舯侧推舱继续作业。

2100 时,干完活的余某来到舯侧推舱寻找陈某,打算一起回宿舍,却发现陈某趴在地上不省人事,嘴角发青。余某立即叫人一起将陈某抬出舱外,并送医院抢救,但很遗憾陈某抢救无效死亡。

【案例分析】

发生此次事故的主要原因有:

(1)设备方面的原因

陈某使用的电焊钳绝缘出现了破损,在整个作业过程中未及时进行修复,设备缺乏保养,形成安全隐患。

(2)人员方面的原因

正值夏季,陈某在狭小舱室内作业,因天气炎热出汗,身体状态不好。在污水处理装置作业结束后,陈某在移动过程中不小心被电焊钳电击,造成触电。

(3)管理方面的原因

公司的员工作业安排不够规范,管理工作不到位,存在安排员工加班或不加班

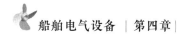

较为随意的现象,对在狭小舱室内作业人员的防护措施缺乏检查监督。

【知识与技能】

本案例涉及的理论知识有安全用电的基本知识、电焊作业前的安全检查、电焊作业的注意事项等内容。通过对案例的学习讨论,应掌握安全用电的基本知识,清楚电焊作业的注意事项,能够全面深入地分析电焊作业的风险,并做好预防措施。

【素质培育】

爱装管装。作为装备管理人员,应当爱护好装备、管理好装备,不让装备带"病"工作,把装备的安全隐患彻底消除。

规矩意识。俗话说"没有规矩不成方圆",引导学生平时一定要遵守工作纪律和规章制度,抓好规范化管理,把各项预防措施落实到位。

研讨题

1.案例中作业的风险点主要有哪些?

2.分析归纳安全用电的注意事项。

3.开展电焊作业前,应做好哪些方面的检查?

案例4　作业方式不正确导致触电

【课程模块】安全用电

【案例简介】

某日下雨,修船公司仍安排员工张某、邵某等 5 人到某船艏部主甲板下一空舱内作业,作业区域空间狭小。施工前,焊工邵某认为在该空间施工存在风险,遂提醒张某注意,等天气好的时候再来作业。张某一开始离开了,后来雨停了,张某觉得自己应该抓紧把活干完,于是返回舱内开展作业。其间,张某因天气炎热,衣服被汗水浸透,绝缘鞋里也全是汗水。当日 1430 时,由于作业空间小,张某选择将焊条进行弯曲处理,致使焊条涂层被破坏,在进行仰脸焊接时由于作业方式不正确,焊条不小心触碰其脸部,发生触电。

【案例分析】

发生此次事故的原因主要有:

(1)环境方面的原因

作业环境不良是重大的安全隐患之一。案例中,作业空间狭小,体位受到很大限制,既需要进行仰脸焊接,又需要将焊条进行弯曲处理,结果导致发生触电事故。

(2)管理方面的原因

公司安排员工冒险作业,施工前未对焊工的防护用品进行检查确认,对施工作业环境也没有进行安全确认,管理工作不到位,这些都是事故发生的原因之一。

(3)人员方面的原因

张某安全意识不强也是事故发生的原因之一。正值夏季气温炎热,且刚下过雨,在狭小舱室内作业本就存在安全隐患。张某还存在侥幸心理,在有同事提醒的情况下,仍片面追求尽快把活干完,没有按照要求采取有效绝缘防护措施,导致事故发生。

【知识与技能】

本案例涉及安全用电的基本知识、特殊环境作业前的安全检查、电焊作业的注意事项等内容。通过对案例的学习讨论,应掌握安全用电的基本知识,能够全面深入分析电焊作业存在的风险,提升安全意识,做好在狭小空间内施工的防护措施。

【素质培育】

因地制宜。坚持具体情况具体分析,针对特殊场合的施工环境,不能简单套用一般的注意事项和安全风险评估,应该根据实际情况做具体分析,以实事求是的态度做好相关工作。

安全意识。在特殊环境中作业时,一定要克服麻痹大意的思想,杜绝侥幸心理,把可能的安全风险排查到位,并采取可靠的防护措施。要注意,不能自认为技术过硬就忽视安全工作。

研讨题

1.在该案例中,电焊作业的风险点主要有哪些?

2.分析归纳安全用电的基本常识。

3.结合本案例,谈一谈在狭小空间内开展电焊施工,应做好的防护措施。

案例5 应急排水泵电动机出现异常噪声

【课程模块】船舶电机

【案例简介】

某船组织消防演练,动用应急排水泵进行排水。起动排水泵后,发现电动机运行发出类似吹口哨的声音,电动机后部的风扇叶片正常旋转,但能听到异常声响,电动机有刺耳的"嚓嚓"声。检查该泵外观,发现电动机外壳锈迹斑斑,可以明显看出平时保养落实不到位。

【案例分析】

此类故障的表现主要是电动机出现异常噪声。一般电动机出现噪声有以下几个原因:

(1)电气方面的原因

电动机有可能存在缺相运行的情况,由于磁场不平衡,内部振动增加而发出异常声音,同时运行噪声增大,本体温度升高。管理人员通过检查振动情况,核查保险丝、接触器,发现均无异常,排除电动机缺相原因。

(2)机械方面的原因

机械方面的故障通常包括轴承损坏、润滑不良、定子槽楔出现松动或断裂等,可逐一进行排查。首先查看轴承,发现轴承结构正常,无跑圈错位;其次查看轴承润滑情况,发现油位很低,缺油比较严重;最后查看定子槽楔,发现情况正常。

综合以上判断,可以发现电动机运行出现噪声主要是轴承缺油造成的。结合外观锈迹,可知管理人员履职不到位,该泵电动机长期缺乏正规保养,等到使用时才发现存在故障。

【知识与技能】

本案例涉及三相异步电动机的基本结构原理、电动机出现异常噪声的主要原因等内容。通过对案例的学习讨论,进一步熟悉三相异步电动机的基本结构原理,能够分析电动机出现异常噪声的主要原因,提升电动机故障排除能力,强化按照规定进行机电设备维护保养的意识。

【素质培育】

爱岗敬业。该案例的发生说明了船舶机电设备坚持按照规定周期进行保养的必要性,要强化爱岗敬业的精神,打牢安全工作人人有责的意识。引导学生热爱自己的岗位,努力作出不平凡的业绩,把个人价值实现与祖国利益统一起来。

坚守岗位。以高度的责任感和使命感,全力保障船舶机电设备的稳定运行,为船舶安全航行和各项任务的顺利完成保驾护航。

研讨题

1.简述三相异步电动机的基本结构原理。

2.分析归纳导致电动机出现异常噪声的原因。

3.谈一谈如何应对电动机的异常噪声表现。

案例6　变压器引发起火

【课程模块】 安全用电

【案例简介】

某船组织装备保养期间,轮机长和机舱人员正在对船舶制冷装置和空调装置的冷却水系统进行日常维护。当打开冷凝器的冷却水管时,由于该管路上的截止阀在关闭位置处泄漏,导致大量的水喷射而出,并流到正下方的主变压器上。变压器周围瞬间起火,电力中断,一名船员立即用手提式灭火器将火扑灭。

【案例分析】

此类故障发生的原因如下:

(1)设备方面的原因

截止阀长期缺乏正规的维护保养,导致截止阀关闭时向外泄漏。变压器遇到水后系统发生短路,电流过大导致起火。

（2）人员方面的原因

船员维护保养前，准备工作做得不充分，工作现场下方有电气设备，却没有采取防护措施，也没有在拆卸前放空管路中的存水。

（3）管理方面的原因

船公司管理体系存在缺陷，缺乏对制冷和空调装置日常维护保养工作的具体说明或者规范，没有说明作业的注意事项。

【知识与技能】

本案例涉及变压器的结构原理、电气设备的防护、变压器的起火原因等内容。通过对案例的学习讨论，进一步熟悉变压器的基本结构原理，能够分析变压器起火的原因，引以为戒，强化现场作业和对电气设备的安全管理意识。

【素质培育】

安全意识。本案例显示出加强船舶电气设备安全管理的重要性，要强化学生在日常学习生活中的安全意识。

爱岗敬业。引导学生热爱海洋，热爱船舶，热爱自己的岗位。平时要对运行的设备多检查，尤其是对自己管理的设备要心中有数，心存敬畏。

沉着冷静。虽然变压器起火，但船员能够迅速扑灭火源，动作迅速、干净利落，显示了其平时训练的效果，这是值得肯定的。引导学生在遇到突发情况时也应保持沉着冷静，避免损失的进一步扩大。

研讨题

1.简述变压器的基本结构和运行原理。

2.分析归纳变压器起火的主要原因。

3.火灾的类型有哪些？如何扑灭电器类火灾？

案例7 接错岸电烧坏电气设备

【课程模块】船舶电力系统

【案例简介】

案例一:某船电工到码头接岸电以供锚灯用电。船舶停靠码头后,电工未上船检查,直接把电缆接在岸电箱上;见锚灯熄灭后,才上船检查,发现船上的变压器已烧坏。

案例二:某船电工于机舱值班,中午时接另外一条船的电为本船电瓶充电。他先合上机舱配电板上的各电瓶充电开关和直流岸电开关,然后到甲板上接好岸电。岸电接好后,他未再下机舱检查。约30 min后,船上有人发现机舱冒烟,立即下机舱断开岸电开关。经检查,充电电阻箱外壳及铝板条烧化,需要重新制作,充电电阻仍可继续使用。

【案例分析】

这两起事故都是电工人员接错岸电导致的。

第一起,电工将电源接错。船上锚灯使用的是220 V的电源,而电源线却接到岸电箱380 V的电源插孔上。由于电源线接错,电压过高烧坏变压器。岸电箱接线头的电压标志已经模糊不清,没有起到提醒的作用;电工责任心不够强,未仔细分辨检查。

第二起,电工接110 V直流岸电时,将甲板上的岸电盘正负极接反,结果导致110 V直流岸电和电瓶串联起来放电,电压大大升高,电流很大,充电电阻丝过热发红,电阻箱外壳及铝板条因高温熔化。电阻丝由于熔点较高,故未烧坏。值班人员的操作步骤有误,同时接好岸电后没有下舱检查,故未及时发现接反的现象;同时其责任心不强,检查不到位,擅离岗位,存在严重过失。

【知识与技能】

本案例涉及岸电、船电转换方法及其使用注意事项等内容。通过对案例的学习讨论,进一步熟悉使用岸电的方法,能够分析电气设备烧坏的原因,吸取事故教训、引以为戒,强化用电的安全意识。

【素质培育】

规矩意识。本案例显示出严格按照规定进行操作的重要性,应强化检查核实、

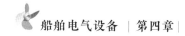

不能图省事,要进一步打牢管理人员的规矩意识。

爱岗敬业。引导学生提高责任心,热爱自己的岗位,以船为家,忠于职守,始终保持高度的责任感和敬业精神,为社会发展贡献自己的力量。

研讨题

1.简述船电和岸电相互间转换的方法。
2.船舶靠码头后,如何安全地接岸电?
3.船舶变压器烧坏的常见原因有哪些?

案例8　船舶电网绝缘过低

【课程模块】船舶电力系统

【案例简介】

某船舶在航行过程中突然发生声光报警。机电部门人员迅速进行报警确认,发现是电网绝缘电阻过低报警,到主配电板绝缘监测单元进行查看。工作人员先将绝缘检测转换开关打至 380 V 动力电网位置,观察高阻表读数在正常范围,再将转换开关打至220 V照明电网位置,发现绝缘电阻值读数过低。此时,可以确认绝缘电阻过低故障发生在照明电网中。随后工作人员在配电板上找出照明负载开关的位置,逐个进行分闸、合闸操作,同时注意观察高阻表的读数;当一路开关分闸后,发现高阻表的绝缘电阻值上升,那么可以确认故障发生在刚分闸的线路中。工作人员遂利用便携式兆欧表进行分段检测,最后检查确认是厨房用水飞溅到插座,导致插座进水,引发绝缘过低报警。

【案例分析】

在船舶上,电力系统一般采用三线绝缘系统的配电方式。绝缘过低在船上属于常见的电气故障,一些自动化程度不高的船舶发生绝缘报警故障,需经人工检测排除故障,方法简单但过程较烦琐。

船上绝缘过低的故障现象一般为配电板式兆欧表检测读数接近 0,或发生绝缘电阻低的声光报警。

具体分析步骤如下:

①首先打开配电板式兆欧表,测量照明电网,兆欧表读数此时接近 0。

②逐个关闭照明配电开关,查看兆欧表指数是否恢复正常值。如果关闭一开关后兆欧表读数仍为 0,说明该支路为正常电路,则应打开该开关,恢复该路的正常供电;如果关闭一开关,兆欧表读数恢复正常,说明该开关控制电路为故障电路。

③关闭区域开关的次序一般应为:船员居住区→甲板照明区→机舱照明区→驾驶台通导设施。当接地故障发生在冲洗甲板后或下雨天或大风浪天时,一般应先关闭甲板照明区域开关,然后关闭船员居住区开关。

④找到发生接地故障的分配电开关后,切断该路供电,并在该配电开关上悬挂"严禁合闸"警示牌,同时关上兆欧表开关。

⑤在分配电箱前,运用便携式兆欧表来检查二次配电网络。若分配电箱内为分支配电开关,则关闭所有开关;若分配电箱内为熔断器形式,则将所有熔断器都取下,逐个测量分支电路的对地绝缘状况。

⑥找到接地的分支电路后,关闭这一路配电开关(或熔断器),合上其余开关(装上其余熔断器),并在主配电板前合上这一路配电开关向其供电。

⑦在查找具体接地点时,应从中间接线盒(如两个舱室中间的)断开,测量判断是哪一小区域(如舱室)接地。

⑧由于小区域内只有有限的几个供电点(一般不超过 5 个),应逐一检查每个供电点,直至找到接地故障点。

根据上述步骤,结合本案例的故障现象,从主配电板上的高阻表开始,再到各个用电负载,逐一进行排查。人工排除绝缘过低故障需要按照一定的方法步骤,排查人员要沉着冷静,以确定具体的故障点。

【知识与技能】

本案例涉及配电装置的组成及功能、配电板式兆欧表的测量原理以及便携式兆欧表的结构原理等内容。通过对案例的学习讨论,进一步熟悉船舶配电装置的组成,掌握船舶电网绝缘过低故障的分析方法,能够使用兆欧表等工具进行查找、排除具体故障。

【素质培育】

条理清晰的思维。面对繁杂的系统,能够保持沉着冷静,做到理论与实际情况相结合,以清晰的思路,抽丝剥茧,达到利用仪表解决实际问题的目的。

遵守安全规范。认识电气绝缘的重要性和必要性。电气绝缘是确保电力系统和设备正常工作的基础,有效防止触电、短路等电气事故或故障发生,能够保护人身安全和设备稳定。引导学生在学习和生活中,遵守安全操纵规范。

提高职业素养。引导学生注重提高自己的职业素养,安全操作、规范操作,杜绝危险操作,增强个人维护管理电气设备的能力,为社会发展作出积极贡献。

研讨题

1.使用兆欧表进行绝缘检测时,应注意哪些事项?

2.试分析三相电路中单相接地故障的排除方法。

案例9 发电机主开关无法合闸

【课程模块】船舶电力系统

【案例简介】

某船舶电站在备航过程中,起动 1 号发电机组,发电机控制屏对应显示电压为 400 V、频率为 50 Hz,参数在额定值。随后,机电部门人员在配电板上断开岸电开关,合上 1 号发电机组主开关,却发现按下合闸按钮时,发电机组主开关未有反应,尝试手动合闸仍未成功。经技术人员查验,最后确定故障原因为主开关失压脱扣,线路发生断路,导致脱扣线圈无法得电,主开关无法合上。

【案例分析】

在船舶上,万能式框架断路器主要用来作为船舶发电机的主开关,它包括多种脱扣器、较多数量的辅助触头和多种操作机构,既是一种开关电器,又是一种保护电器。在电力系统正常运行时,它作为接通和断开电路的开关;在电力系统非正常运行时,它用来保护电路。断路器结构原理如图 4-1 所示。

开关的主触头依靠操作机构(手动或电动)合闸,闭合以后,自由脱扣机构(一套连杆)将其锁定在合闸位置上。当电路发生故障时,自由脱扣机构就在有关脱扣器的操作下动作,并使钩子脱开,于是主触头在释放弹簧的作用下迅速分断。

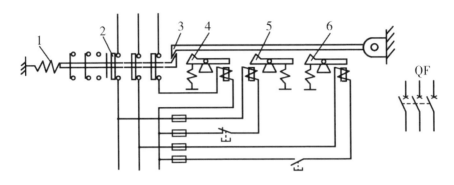

图 4-1　断路器结构原理示意图

1—释放弹簧;2—主触头;3—钩子;4—过(电)流脱扣器;5—失压脱扣器;6—分励脱扣器

脱扣器有各种类型,如过(电)流脱扣器、失压脱扣器和分励脱扣器等。过(电)流脱扣器的工作原理是,当电路为正常情况时,它的衔铁是释放的,当发生过载或短路故障时,与主电路串联的线圈就会产生强大的电磁吸力,吸合衔铁带动顶杠顶开自由脱扣机构中的锁钩,使主触头分断。失压脱扣器的工作原理恰恰相反,当电路电压正常时,其并联于主电路的线圈产生足够的吸力将衔铁吸住,使顶杆同自由脱扣机构脱离,主触头得以合闸;如电压低于规定值,衔铁释放,从而顶开自由脱扣机构的锁钩,使主触头分断。分励脱扣器用于远距离分闸及实现多种保护。此案例中,失压脱扣线圈回路有断路情况,导致失压脱扣器脱扣,衔铁释放,主触头无法合闸。根据故障现象,机电部门人员利用断路器结构原理分析故障范围,最后确定故障点。

【知识与技能】

本案例包含断路器结构原理、发电机单机供电等理论知识。通过对案例的学习讨论,应能够坚持理论联系实际,找到发电机主开关不能合闸的原因,分析并解决船舶电力系统存在的实际问题,进一步提升船舶电力系统常见故障的分析与处理能力。

【素质培育】

责任与担当。断路器的可靠运行体现了船员的责任与担当。每一个人在社会中都有自己的责任和使命,应该像断路器一样坚守岗位,默默守护设备的安全。断路器动作精准、分断果断,是对设备最好的保护,这与船员坚守船舶岗位、为人民服务的理念是一致的。

质量就是生命。断路器的质量关系到船舶电力系统的安全稳定运行。在装备研制过程中,要坚决贯彻质量就是生命的理念,严格把控产品质量。

研讨题

1.简述断路器的功用和分类。

2.断路器的自由脱扣机构是怎样工作的?"再扣"是指什么?

案例 10 空压机电力起动控制线路故障

【课程模块】船舶辅机电气控制

【案例简介】

某船舶空压机控制线路发生过载报警,机电部门人员立即查找原因,发现热继电器过载保护已触发,其控制线路常闭触头打开,空压机无法立即工作。待 2~3 min,机电部门人员对热继电器进行人工复位,在对线路和空压机未进行进一步检查的前提下,再次起动空压机,运行几分钟后,热继电器再次运行,空压机停机。

该船设备管理人员认为热继电器动作频繁,且复位需要时间等待,过于烦琐,直接将控制线路中热继电器常闭触点的两个端子短接,强行起动空压机,运行一段时间后,空压机发热,导致了电机损坏的不良后果。管理人员经验不足,分析处理问题时想法过于简单,未意识到是空压机过载或缺相导致热继电器动作,未成功避免故障影响的进一步扩大。

【案例分析】

船舶电动机不允许长期过载运行,同时必须要有一定的短时过载能力。因此,当电动机过载时间不长,温度未超过允许值时,应允许电动机继续运行;但是当电动机超过额定电流运行使得电动机绕组的温度超过允许值时,就应立即将电动机的电源自动切断。这样,既保护了电动机,又可以充分发挥电动机的短时过载能力。

由于熔断器熔体的熔断电流大于其额定电流,而在三相异步电动机的控制电路中,所选熔体的额定电流又远大于电动机的额定电流,因此,熔断器通常只能作短路保护,不能作过载保护。熔断器的过流保护特性与电动机所需要的过载保护特性不一定匹配,因此一般不能用作三相异步电动机的过载保护。目前,船舶常用的过载和缺相保护电器是热继电器。

热继电器常采用双金属片式,其结构如图4-2所示。它是由具有不同热膨胀系数的两种金属片紧密结合在一起制成的。它的一端被固定,另一端是自由端。双金属片受热会弯曲。用作加热双金属片的热元件为电阻丝,串联于被保护的负载电路中,以感测负载电流。在正常情况下,双金属片抵住触头使其闭合,当热元件中的电流为过载值时,经过一定时间,双金属片弯曲程度大到足以使其自由端离开动触头,则动触头在弹簧力的作用下迅速断开所控制的电路,再经其他电器分断负载电路,从而使电动机等电气设备获得过载保护。

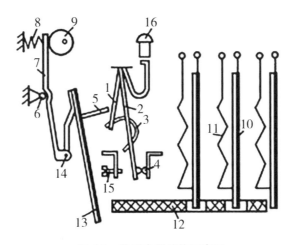

图 4-2　热继电器结构示意图

1、2—片簧;3—弓形弹簧片;4—触点;5—推杆;6—轴;7—杠杆;8—压簧;9—电流调节凸轮;10—双金属片;11—热元件;12—导板;13—补偿双金属片;14—轴;15—复位调节螺钉;16—手动复位按钮

此案例中,电机过载、热继电器动作,机电管理人员应及时查找线路中是否存在缺相或过载情况,而不是简单地将热继电器常闭触头短接,这种做法治标不治本,还会带来严重后果。热继电器动作是为了进行过载保护,短接触头的做法就是取消热继电器的保护功能,这时电机如果过载或缺相会导致电机发热,损坏电机。

【知识与技能】

本案例涉及热继电器结构与功用等理论知识。通过对案例的学习讨论,应能够坚持理论联系实际,从根本上解决实际问题;会分析电力拖动控制线路原理,能够结合故障现象找出故障范围,最后通过检测确认故障点,并采取正确措施排除故障。

【素质培育】

坚守岗位。热继电器看似只是一个普通的电器元件,却犹如一位默默守护的卫士,时刻监测着电路中的电流状况。一旦出现过载,它便迅速动作,守护设备的安全。我们也要同热继电器一样,做一名坚守岗位的海疆卫士,为维护国家海洋权益贡献力量。

严谨认真。热继电器的精准和可靠运行对于船舶航行安全至关重要,反映在工作中,我们也必须具备严谨认真的工作态度,对待任何事情不敷衍、不马虎,为国家和社会的进步添砖加瓦。

研讨题

1.三相异步电动机过载保护装置为什么需要至少有两个发热元件的热继电器?

2.在电力拖动控制电路中,可否使用熔断器代替热继电器?为什么?

案例 11 发电机电压不稳

【课程模块】船舶电力系统

【案例简介】

某船发电机处于空载或者轻载的情况下时,所有参数都表现正常,一旦带上较重的负载,发电机电压就会出现较大幅度的下降,同时电流也会急速攀升,从而导致开关跳闸,不能正常工作。

面对这个问题,工作人员开始逐一排查,倾听柴油机运转声音正常,故判定故障发生在发电机;进一步检查发现电压波动大,判定是励磁系统存在问题。这时,工作人员要先检查 AVR 电压调整器,如果其正常运行,再检查励磁机和旋转整流器,直到检查出故障所在并解决。

【案例分析】

保持电压的恒定是对船舶电力系统工作的基本要求。过大的电压波动,无论对发电机本身还是对用电设备都是不利的。如果电压偏低,发电机电流增大,过分发热;电动机电磁转矩降低,转速变化;灯光照明的光通量减少;控制电器不能正常工作,等等。反之,电压偏高也将产生不良后果,例如缩短设备的寿命,造成电机、电器无法正常工作等。因此,把电压的波动控制在一定的范围内,是电力系统设计必须解决的问题,也是管理使用中需要注意的问题。

以隐极式同步发电机为例,当电力系统的负载变化时,即同步发电机的输出电流变化时,欲保持电网电压的恒定,只能改变发电机的感应电势。而改变又可归结为调整主磁通,这可以通过调节励磁电流来实现。

对于发电机组无刷励磁恒压系统,常见的故障原因可分为以下几种:

①起动时,无电压建立。对自励调压控制系统,应检查发电机的剩磁电压(不低于 5 V);对永久磁铁发电机励磁恒压系统,应检查线路接线或按说明书中的"励磁测试步骤"检查调压装置和发电机。

②运行中,电压消失。停机后再起动,观察如无电压或电压短时间即消失,应按"励磁测试步骤"进行检查。

③发电机电压高但随后消失。检查调压装置的电压检测端连接是否正确、牢固,或者按"励磁测试步骤"进行检查。

④无负载时,电压低。检查原动机转速;检查低频滑差(UFRO)设定是否正确。

⑤负载转换时,电压或速度特性斜率(DIP)明显增大。检查调速器的灵敏性;检查特性斜率的设定是否正确。

【知识与技能】

本案例涉及发电机的基本知识,三相交流同步发电机的运行特性等内容。通过对案例的学习讨论,应能够理论联系实际,找到问题的关键,会利用所学理论知识分析如何解决电压不稳等问题。

【素质培育】

团结协作。发电机的运行需要各个部件的协同配合。正如一个国家想要发展,需要全社会的齐心协力。

认真负责。发电机的稳定可靠运行非常重要,工作也是一样,需要我们有严谨负责的态度,并将其融入思想和行动中去,做好每一件事。

研讨题

1.简述同步发电机的空载运行特性。

2.简述三相交流同步发电机的基本结构和工作原理。

3.发电机组无刷励磁恒压系统的常见故障分析方法有哪些?

案例 12　直接起动控制线路故障

【课程模块】船舶辅机电气控制

【案例简介】

　　某船风机无法正常起动,经机电部门人员检查,最终发现为起动控制箱中接触器老化,控制线路线圈处接触不良所致。经工作人员评估,此接触器无法正常使用,需进行更换。在完成更换后,机电部门人员合上控制箱电源开关 Q,控制线路通电后,在未按下起动按钮的前提下,接触器反复吸合、断开,振动噪声较大,电动机无法正常工作。经分析、查找原因,是接线人员疏忽,不慎将接触器的自保常开触头错接成常闭触头。

【案例分析】

　　直接起动控制线路的用途与功能是远距离控制和保护异步电动机,其原理图如图 4-3 所示。其具体操作步骤如下:合上电源开关 Q,按下起动按钮 SB_2,接触器 KM 线圈通电,KM 主触头闭合,电动机通电开始工作,KM 辅助触头闭合,形成自保;松开 SB_2,接触器线圈连续得电,电动机连续运行。

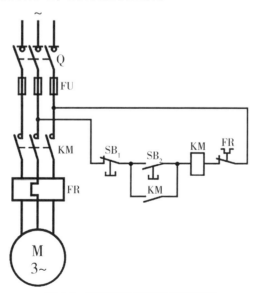

图 4-3　直接起动控制线路原理图

此案例中,当发现风机无法正常起动时,由于接触器有吸合动作,工作人员在确认控制线路有电以及接触器无故障的前提下,按回路元件的接线顺序进行故障排除:从电源一端到热继电器常闭触头,接着,工作人员到接触器线圈,再到起动按钮、停止按钮,最后回到电源的另一端,发现无故障。接着,工作人员排查接触器辅助触头的连接,发现接线人员对接触器结构不够熟悉,导致常开触头和常闭触头混淆,本应将常开触头并联在起动按钮两端,起自保作用,结果由于疏忽,错把常闭触头当常开触头误接到线路中。在这种情况下,当合上电源开关 Q 时,控制线路在常闭触头的连接下使接触器线圈通电,接触器主触头闭合,主回路接通;但同时,常闭的辅助触头会打开,使接触器线圈失电,主触头打开,常闭触头闭合;因常闭触头闭合,使接触器线圈又得电,主触头闭合,辅助触头打开。由此,接触器线圈反复得电、失电,接触器反复吸合、断开,振动噪声大,电动机无法正常工作。

【知识与技能】

本案例涉及直接起动控制线路的基本工作原理等内容。通过对案例的学习讨论,应掌握接触器、热继电器、熔断器等电气元件的功能,能够分析接触器的故障原因,会利用正确的方法排除故障。

【素质培育】

工匠精神。在直接起动控制线路教学中,强调工匠精神的重要性,培养学生对工作的认真态度,树立精益求精的敬业精神。

安全意识。电气控制线路涉及电力系统的安全运行,十分重要,要培养学生的安全意识,使他们明白遵守安全操作规程的重要性,对自己和他人的安全要扛起责任。

创新思维。注重在直接起动控制线路教学中,鼓励学生结合船舶电气行业的最新动态,发挥创新思维,培养他们解决问题的能力。

研讨题

1.简述接触器的分类和功用。

2.简述直接起动控制线路的基本原理。

3.直接起动控制线路的优缺点有哪些?

4.针对直接起动控制线路的安装,谈谈需要注意的事项。

参考文献

［1］王江,张艳华,胡延军,等.多级离心泵机组现场故障百例分析[M].北京:石油工业出版社,2020.

［2］李志勇,孙尧,孙妙平,等.电气工程及其自动化专业课程思政教学案例[M].长沙:中南大学出版社,2021.

［3］李炳荣.船舶工业典型事故案例[M].哈尔滨:哈尔滨工程大学出版社,2007.

［4］潘云良.案例教学的理论与实践[M].北京:中共中央党校出版社,2018.

［5］彭陈.船舶主机缸套裂纹分析[J].广东交通职业技术学院学报,2016,15(4):41-43.

［6］张世鸿.柴油机冷却水套炸裂故障实例[J].航海技术,2017(5):56-58.

［7］李润良.40万吨级VLOC主机主轴承轴瓦损坏案例分析[J].航海技术,2023(6):48-51.

［8］张雷震,林斌.船舶SUNFLAME锅炉自动点火燃烧失败案例分析[J].天津航海,2023(4):17-19.

［9］张云兴,郭亮,陈涌.船舶生活污水处理装置问题浅析及改进措施[J].水上安全,2023(8):79-81.

［10］任国柱.船舶制冷系统故障案例分析[J].天津航海,2023(3):20-23.

［11］王必改.某船冷库降温困难的原因分析与思考[J].中国修船,2014,27(6):9-13.

［12］朱敏.机舱管路垫片选用思考[J].航海,2023(6):64-67.

［13］胡晓燕.轮机资源管理中情景意识对安全的影响［J］.南通航运职业技术学院学报,2008(1):49-52.

［14］张德福,孙文广,沈国华.SWD6LTM410C 船用柴油机拉缸故障的分析与排除［J］.中国修船,2011,24(1):6-7.

［15］赵小刚.船舶机电设备故障原因分析及安全管理建议:基于船舶柴油机皮带断裂的案例分析［J］.珠江水运,2023(16):100-102.

［16］王福林. 57300 吨船航海试验主机轴瓦事故分析［J］.科技传播,2014(18):148,157.

［17］朱功祥.两起主机倒车故障原因分析及排除［J］.航海,2017(3):38-41.

［18］徐澄,喻健康,张振峰.船舶主机油雾浓度高自动停车故障原因及管理要点分析技术［J］.航海,2014(5):66-68.

［19］李福海.船舶主机增压器喘振故障原因及排除［J］.中国修船,2006,19(1):17-20.

［20］孙齐虎,吕运,汪兆臣.船舶柴油机增压器喘振故障的分析与排除［J］.内燃机与动力装置,2019,36(1):88-92.

［21］张忠良. MAN L48/60CR 型主机燃油系统故障［J］.航海技术,2017(5):50-52.

［22］孟相全.船舶主机弹性联轴器故障案例分析［J］.运输经理世界,2023(16):154-156.

［23］张兴彪,黄连忠.船舶固定式 CO_2 灭火系统事故案例分析［J］.世界海运,2023,46(11):7-11.

［24］郑庆国.MacGregor GLH350 船用克令吊钩头刹车故障分析［J］.航海,2020(2):56-59.

［25］张雷震,林斌.船舶 SUNFLAME 锅炉自动点火燃烧失败案例分析［J］.天津航海,2023(4):17-19.

［26］鞠秀山.分油机几个常见故障的排除［J］.天津航海,2006(4):23-24,31.